汽车快修与美容上岗指导丛书

第2版

（全彩版）

汽车

美容与装饰
完全图解

QICHE MEIRONG YU ZHUANGSHI WANQUAN TUJIE

■ 李昌凤　主编

机械工业出版社
CHINA MACHINE PRESS

本书主要内容包括汽车美容基础、汽车美容作业项目、汽车装饰基础、汽车装饰作业项目、汽车电子产品安装与改装作业项目五部分，是一本帮助读者全面掌握汽车美容装饰知识和操作技能的书籍。书中以"步骤+图解"的独特方式讲述汽车美容装饰的知识点，同时书中配有现场操作演示视频，扫描相应二维码即可免费观看，便于读者学习掌握。

本书适合从事汽车美容装饰工作的人员学习使用，同时也适合职业学校相关专业选作教学辅导书。

图书在版编目（CIP）数据

汽车美容与装饰完全图解: 全彩版/李昌凤主编 . — 2 版 . — 北京: 机械工业出版社，2017.12（2022.1 重印）

（汽车快修与美容上岗指导丛书）

ISBN 978-7-111-58350-9

Ⅰ . ①汽…   Ⅱ . ①李…   Ⅲ . ①汽车 – 车辆保养 – 图解   Ⅳ . ① U472-64

中国版本图书馆 CIP 数据核字（2017）第 262676 号

机械工业出版社（北京市百万庄大街 22 号　邮政编码 100037）
策划编辑：杜凡如　责任编辑：杜凡如　徐　霆
责任校对：王明欣　封面设计：马精明
责任印制：单爱军
北京虎彩文化传播有限公司印刷
2022 年 1 月第 2 版第 4 次印刷
184mm × 260mm · 8 印张 · 232 千字
6 401—6 900 册
标准书号：ISBN 978-7-111-58350-9
定价：49.90 元

前言

　　为满足车主对汽车养护作业需求的快速增长，不断涌现了一批以美容装饰与电子产品作业为主的新型汽车养护和改装企业。为了提高从业人员的技术水平，我们编写了《汽车美容与装饰完全图解（全彩版）》来满足广大从事美容与装饰工作的人员的学习需要。

　　本书为修订版，最大特点是典型操作项目增加了演示视频，可通过扫描书中的二维码免费观看，而且每个操作项目均以"步骤＋图解"的独特方式进行阐述，让读者感觉亲临现场，学起来更加轻松，更容易掌握。全书分为五个部分、十一个学习任务，包括汽车美容基础、汽车美容作业项目、汽车装饰基础、汽车装饰作业项目、汽车电子产品安装与改装作业项目。

　　本书从实际应用出发，具有层次分明、条理清晰、内容翔实、图文与视频相结合、易学易懂、一看就会的特点，适合广大从事汽车美容工作的人员自学，同时也可作为汽车美容装饰企业培训的指导用书。

　　本书由李昌凤主编，参加编写的人员还有李富强、李素红、朱其福。在本书编写过程中，得到了许多汽车美容改装连锁店以及广大汽车维修企业的大力支持和协助，并参阅了大量的相关资料，在此表示诚挚的感谢！

　　由于编者水平有限，书中难免有不足之处，恳请广大读者批评指正，以便再版时补充完善。

编　者

目 录
CONTENTS

第一部分　汽车美容基础

学习任务一　汽车美容基本知识

一、汽车基本结构

汽车基本结构由发动机、底盘、车身和电气设备四部分组成。

1. 发动机

发动机由两大机构、五大系统组成，包括曲柄连杆机构、配气机构、燃油供给系、润滑系、冷却系、点火系、起动系。

2. 底盘

底盘由传动系、行驶系、转向系和制动系四部分组成。它主要支承、安装汽车发动机及其各部件、总成，形成汽车的整体结构，承受发动机动力，保证正常行驶。

3. 车身

车身结构主要包括车身壳体、车门、车身钣金件、车身内外装饰件和车身附件等。

4. 电气设备

电气设备主要包括照明系统、信号装置、仪表报警装置、电子控制系统、防盗系统、空调系统、车载娱乐系统、车窗控制系统、电动座椅等。

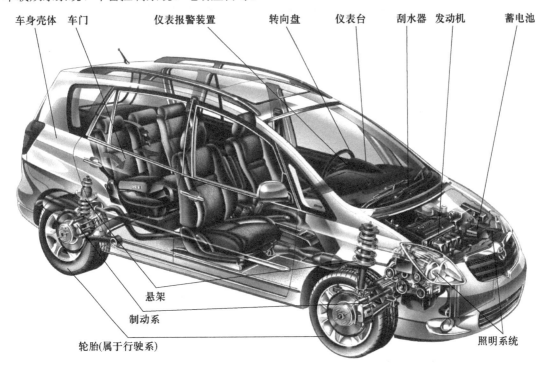

车身壳体　车门　　仪表报警装置　　转向盘　　仪表台　　刮水器　发动机　　　蓄电池

悬架

制动系

轮胎(属于行驶系)

照明系统

二、汽车美容作业技术要求

汽车美容作业技术要求规定了汽车美容企业的作业内容、设施、设备、人员、管理、服务质量规范等内容。

1. 作业内容

汽车美容作业内容是指针对汽车各部位不同材质所需的保养条件，采用不同性质的汽车美容护理用品及施工工艺，对汽车进行的全面保养护理。

知识链接

1. 车身贴膜

车身贴膜服务项目包括前风窗玻璃、后风窗玻璃、侧窗玻璃贴膜。通常用的有绿色、天蓝色、灰色、棕色、自然色等防爆隔热膜。

2. 车身美容

车身美容服务项目包括洗车、去除沥青及焦油等污物、打蜡增艳、漆面处理，以及轮圈、轮胎、保险杠翻新和底盘防腐涂胶处理等。

3. 车内饰美容

车内饰美容服务项目可分为车室美容、发动机美容等汽车内部美容项目。其中车室美容包括仪表台、顶篷、地毯、脚垫、座椅、座套、车门内饰的吸尘清洁保护，以及蒸汽杀菌、冷暖风口除臭、室内空气净化等项目。发动机美容包括发动机冲洗清洁、喷上光保护剂、翻新处理、三滤清洁等项目。

4. 漆面美容

漆面美容项目可分为氧化膜、飞漆、酸雨处理，漆面深浅划痕处理，漆面部分表面破损处理及整车喷漆。

5. 汽车防护

汽车防护服务项目包括安装防盗器、倒车雷达、全球卫星定位系统、汽车语音报警装置等先进的电子防护产品。

6. 汽车精品

汽车精品服务项目包括车用香水、脚垫、地板胶、座垫、座套、头枕套、电子产品等。

2. 设施

（1）美容设施应能满足生产的需要，汽车美容一般应在室内进行，避免占用道路和公共场所。

（2）业务接待室应整洁明亮，办公、休息设施齐全，悬挂有关证照及规定应公示的项目，收费标准明码标价。

（3）汽车美容工位应具有符合国家规定的安全、环保、排水、消防设施。

3. 设备

配备的设备应符合"汽车美容企业设备条件"规定及满足完成作业项目需要。其技术状况应保证良好，产品技术条件符合相应的国家标准或行业标准的要求，并能满足使用要求。

4. 人员

（1）从业人员不少于4人，其中价格结算人员1名（可兼职），质量检验员1名（可兼职）、汽车美容工、汽车电工各不少于1人，其技术水平均不低于中级工。

（2）企业负责人、价格结算人员、质量检验员和专业美容护理工人应经交通行业主管部门培训合格，持证上岗。

5. 管理

（1）应具有工商行政管理部门注册登记的法人资格。

（2）应悬挂统一的识别标志。

（3）应按核定的经营范围开展经营，应在营业场所公布作业项目、收费标准、质保期和投诉指南，公示经营许可证和相关证照。

（4）应按照国家有关技术标准、工艺规范对汽车进行美容护理。

（5）应实行计算机管理，向托修方出具由计算机打印的结算清单和材料清单，结算清单应列明作业项目、工时费及材料费。

（6）应建立客户投诉登记、受理和处理制度。

（7）遵守国家环境保护法规、标准和环境保护部门的其他规定，对美容过程中产生的废弃物进行正确处理。

（8）应符合道路管理有关规定，不占用道路、公共场所进行作业。

（9）制定并执行安全生产管理制度和设备安全操作规程。对有毒、易燃、易爆物品，以及粉尘、腐蚀剂、污染物、压力容器等均应有安全防护措施和设施。

6. 服务质量规范

（1）应具有统一的企业品牌和标识（序号），员工着装统一，佩戴服务牌，悬挂交通部门监制的汽车美容（连锁）业户灯箱、环保经营许可证、标志牌等经营所需证照，公开投诉电话号码。

（2）公开作业项目，收费实行明码标价。

（3）做好接车和结账工作，实行计算机管理。

三、汽车美容作业安全规则

1. 一般安全规则

（1）不准赤脚或穿拖鞋、高跟鞋和裙子上班，留长发者要戴工作帽。

（2）在进行工作时禁止吸烟。

（3）工作时要集中精神，不准说笑、打闹。

（4）使用一切机械工具及电气设备，必须遵守其安全操作规程，并要爱护使用。

（5）工作时必须按规定穿戴劳保用品。

（6）严禁无驾驶证人员驾驶一切车辆。严禁驾驶与驾驶证规定不相符的车辆。

（7）非操作人员不得随便动用机床等设备。

（8）工作场所、车辆旁、工作台、通道应经常保持整洁，做到文明生产。

（9）严禁一切低燃点油、气与照明设施及电气线路接触。

（10）各工位应配备有充足的灭火器材，并加强维护保养使之保持良好的技术状态，所有的人员应学会正确使用灭火器材。

2. 汽车美容工安全操作规则

（1）工作前应检查所使用工具是否完好。施工时工具必须摆放整齐，不得随地乱放，工作后应将工具清点检查并擦干净，按要求放入美容工具车或工具箱内。

（2）拆装零部件时，必须使用合适的工具或专用工具，不得大力蛮干，不得用硬物直接敲击零件。所有零件拆卸后要按顺序摆放整齐，不得随地堆放。

（3）用千斤顶进行底盘作业时，必须选择平坦、坚实场地并用角木将前后轮塞稳，然后用安全凳按车型规定的支撑点将车辆支撑稳固。严禁只用千斤顶顶起车辆就在车底作业。

（4）美容护理过程中应认真检查原件或更换件是否符合技术要求，并严格按修理技术规范精心作业和检查调试。

（5）发动机起动前，应先检查各部件装配是否正确，是否按规定加足润滑油、冷却液，将变速杆置于空档，轻点加速踏板试运转。严禁车底有人时起动车辆。

（6）发动机过热时，不得打开散热器盖，谨防沸水烫伤。

（7）地面指挥车辆行驶、移位时，不得站在车辆正前方与后方，并注意周围障碍物。

（8）工作灯应采用低压（36V以下）安全灯，不得冒雨使用或拖在水里使用工作灯，并应经常检查导线、插座是否良好。

（9）手湿时不得扳动电力开关或插电源插座。电源线路、熔丝应按规定安装，不得用铜线、铁线代替。

学习任务二　汽车美容常用的工具及设备

一、汽车美容常用工具

1.抹布

抹布由100%聚酯纤维编织而成，表面柔软，易于擦拭敏感表面，摩擦不脱纤维，具有良好的吸水性及清洁效率。

2.无纺毛巾

无纺毛巾是人工清洗和擦拭汽车不可缺少的物品。专业汽车美容场所需准备多块毛巾，包括大毛巾、小毛巾、湿毛巾、半湿毛巾和干毛巾等。

3.洗车海绵

由于洗车海绵具有柔软、弹性好、吸水性强和藏土藏尘能力好等特点，有利于保护漆面及提高作业效率。清洗汽车时能使沙粒或尘土很容易地深藏于海绵的气孔之内，这样可以避免因擦洗工具过硬或不能包容泥沙而给车身表面造成划痕。

4.喷壶

喷壶用于喷雾水或清洁剂以清洁汽车内饰、绒毛座椅等表面杂质。

5．洗车防水围裙

6．水鞋

7．洗车手套

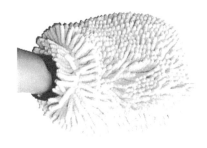

8．专用洗车毛刷

9．洗车泡沫刷子

10．轮圈刷子

11. 羊毛抛光盘

羊毛抛光盘一般分白色和黄色两种。一般白色羊毛抛光盘切削力强，能去除漆面的严重瑕疵，配合较粗的蜡打磨能快速去除划痕；黄色羊毛抛光盘切削力较白色羊毛抛光盘弱，一般配合细蜡用于抛光漆面、去除漆面粗蜡抛光痕及轻微擦伤痕。

12. 海绵抛光盘

海绵抛光盘可用于车身普通漆和透明漆的研磨和抛光，一般用于羊毛抛光盘之后的抛光、打蜡。

13. 打蜡盘套

打蜡盘套是一种衬有皮革底（防渗）的毛巾套，其作用是把蜡均匀地涂覆到车身上。打蜡盘套的材料有三种：全棉的盘套、全毛的盘套和海绵的盘套，目前使用最多的是全棉打蜡盘套。

14. 打蜡海绵

打蜡海绵也可以叫清洁膏海绵，专门用于汽车打蜡。

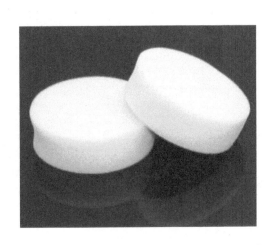

二、汽车美容常用设备

1. 空气压缩机

（1）空气压缩机的保养。

1）每天将空气压缩机周围的油污清理掉，同时放掉储气罐内的积水。

2）每周清洗空气过滤器，检查压缩机的润滑油。

（2）使用注意事项。

1）切勿将压缩空气气流指向任何人的身体部位。

2）使用压缩空气做清理时，必须戴上防护眼罩，若有尘埃应使用呼吸口罩。

3）检查输送压缩空气的管线，确定没有任何割伤、裂口或擦伤时才能通气。

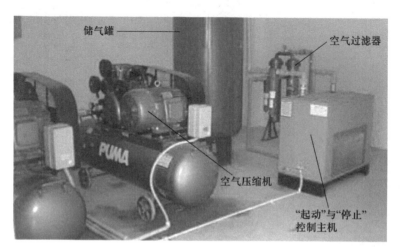

储气罐　空气过滤器　空气压缩机　"起动"与"停止"控制主机

2. 高压清洗机

（1）高压清洗机工作原理。高压清洗机是利用工作泵内活塞的上下运动，使吸进来的低压水变成高压水，从而易于将车体表面的泥沙、灰尘、污垢等冲洗掉。

（2）使用方法。接好进出水管，插上电源，按下电源起动开关，打开进水开关向泵内注水，排去泵内的空气约几秒钟，等喷出的水有压力后，即可进行正常的洗车程序。

（3）使用注意事项。

1）确保供水一定要干净、无杂质。

2）进水管口要安装过滤网，以免杂质进入泵内造成堵塞。

3）洗车过程中停顿或结束时，一定要及时关闭电源，以免让工作泵空转而加剧工作泵内零部件的磨损。

3．泡沫清洗机

（1）泡沫清洗机工作原理。利用空气压缩机输送过来的高压气体，将压缩机内的洗车液同水充分搅拌混合，使喷到汽车上的泡沫多而丰富。

（2）使用方法。打开泡沫清洗机进气阀及泄气阀，加入洗车液，然后灌满水，关闭阀门，接通空气压缩机进气管，打开进气开关，等泡沫压力表显示达250kPa以上后，即可向汽车喷射泡沫。

（3）使用注意事项。洗车过程中停顿或结束时，必须将罐内的压力泄放干净，以免罐内的压力过大，对气管及接头造成损伤。

4．高压水枪

（1）在进行清洗作业时，应采用正确的姿态，一只手握紧高压水枪的手柄，另一只手握住高压水管，扣动扳机时要注意水喷出时高压水枪会产生一定的反冲力和对手柄的旋转力矩，操作时注意力要集中。

（2）用束状强力喷流进行清洗作业时，水枪头和被清洗面的距离不宜太近，以免因压力过高而导致被清洗物体损坏。

（3）不要把手放在水枪的前端，以免造成伤害。

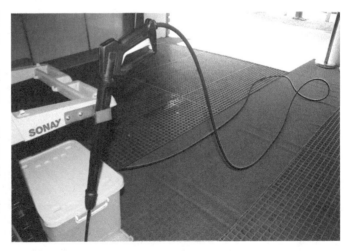

5. 高压气枪

首先将压缩空气快速连接阀连接到高压气枪连接端上，然后通过扣动扳机来控制压缩空气流量大小即可将灰尘吹掉。

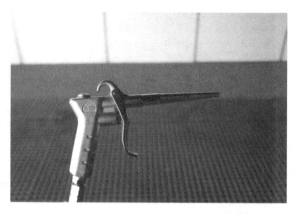

6. 抛光机

（1）抛光机工作原理。利用海绵盘的高速运转与车体漆面摩擦产生热能，再同抛光剂等化学药品综合使用，从而有效地消除漆面划痕及污点等。

（2）使用方法。

1）操作人员首先将电源线连接到插座上。

2）研磨／抛光时打开电源开关，然后按规定的转速进行调整，接着将抛光机平放于漆面，均衡地向下施加压力即可进行抛光作业。施加压力的大小由操作人员根据抛光漆面程度来灵活掌握。

抛光机的使用

（3）使用注意事项。未经过专业培训的人员，严禁使用抛光机。经过培训的专业人士，也必须熟练以后才可上车操作，且刚刚使用时，抛光机的转速不可调得太快，力度不可太大，必须先在不显眼处试验一下漆面的性质方可对全车进行抛光操作。

7. 打蜡机

（1）首先将手柄调到合适位置，然后将打蜡机向后平放于地面。

（2）把盘套向右旋转安装在电动机齿轮扣上。

（3）插上电源插头，按下安全保护钮，往上扳左或右手柄的起动开关起动打蜡机。

（4）使用完毕，拔下电源插头，并应将盘套卸下。

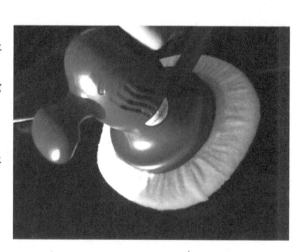

8. 封釉振抛机

封釉振抛机一般采用吸盘式，封釉波纹海绵轮与封釉振抛机的托盘相连，确认海绵轮的绒线中无杂质后开机。将封釉振抛机盘套轻放在车身上，让封釉振抛机进行横向与竖向覆盖式的封釉，直至车漆光泽令人满意为止。

9. 吸尘机

（1）吸尘机工作原理。利用吸尘机内部电动机的快速转动，带动工作泵加速气管内空气的流动速度，逐渐形成真空，从而达到吸尘、吸水的目的。

（2）使用方法。

1）确认电源电压与本机相符方可使用。

2）连接所有的吸尘管、水软管，并选择适当的尘擦。

3）将吸尘管与本机的吸嘴连接。

4）切勿将电源线安放在机身吸嘴后方。

5）吸尘时，必须安装集尘纸袋方可吸尘。

6）吸水前应去掉集尘纸袋，并取出圆桶内杂物。

7）定期检查电动机的电刷。

（3）使用注意事项。要经常清理吸尘机的过滤网，及时将杂物箱内的垃圾倒掉，外表需经常擦洗，随时保持干净、光洁。

吸尘机的使用

10.高温蒸汽清洗机

（1）高温蒸汽清洗机工作原理。高温蒸汽清洗机利用电能加热，使机内的水变成高温高压的蒸汽，喷射到车室内各个部位，从而有效地达到杀菌消毒的目的。

（2）使用方法。接通电源，加热约10min，等机内水变成蒸汽且有一定的压力后方可使用。主要喷射到玻璃、仪表、座垫、地毯、顶篷等处，特别是对车内较隐蔽的部位一定要用高温蒸汽清洗机进行全面彻底的清洗。

（3）使用注意事项。在用高温蒸汽清洗机清洗仪表等部位时，特别注意不要让蒸汽喷射到收音机、DVD机及控制面板等电器部位，以免造成损坏。

11.地毯脱水机

（1）地毯脱水机工作原理。地毯脱水机利用电动机带动离心泵，在离心力的作用下将地板垫、毛巾、海绵等上面的水分及污物甩干净。

（2）使用方法。将地板垫等物卷成圈，放到脱水机内，接通电源开关即可。

（3）使用注意事项。将地板垫放入脱水机内时，必须放置均匀，使之重心平衡，且一次甩干的物品不可太重，以免损坏电动机。

地毯脱水机的使用

12. 电脑自动洗车机

（1）电脑自动洗车机工作原理。电脑自动洗车机通过光电系统检测，经电脑分析计算出各种动作的最佳位置和力度，达到最佳的洗车效果。它能自动闪避后视镜、天线等，确保汽车安全；电脑洗车机洗净力强、含水量大、不伤车。

（2）使用方法。

1）操作电脑自动洗车机之前应检查汽车及其周围有无障碍物，确保在洗车范围内没有任何人或杂物，重点保证输送带无任何物件。

2）检查完毕，将电脑自动洗车机的电源接通。首先将总电源开关打开，查看显示灯，确认供电正常；接着再打开面板供电钥匙开关，全部项目应显示正常；最后确定水、电、气一切正常后方可进行清洗。

3）操作电脑自动洗车机前应将所有控制箱门板关好，以免水飞溅到电气元件上。同时严禁在控制箱内堆放杂物。

4）指挥车辆驶入自动洗车机工位内，并做好车辆外部件的处理工作。此外，车辆进入轨道前，应检查车辆的刮水器、天线、后视镜是否正常；车身钣金有无明显划痕；有无其他松动、脱落部件等。

5）洗车机出口、入口需分别设有一人，方可操作运行。

6）在自动洗车程序进行中，操作人员严禁擅自离开操作岗位，随时做好对突发状况的应变准备，给予相应的处理措施。

（3）使用注意事项。

1）清洗时泡沫蜡不可与其他强碱性清洗剂混用，以免效果不佳。

2）泡沫蜡调配比例不宜太高，否则泡沫太丰富不易清洗。

13. 汽车臭氧消毒机

（1）汽车臭氧消毒机工作原理。汽车臭氧消毒机主要是将臭氧电源和陶瓷片置于内置式空调箱或不锈钢箱体内，通过臭氧电源的内部升压激化陶瓷片放电，利用空调箱内的循环风扇将臭氧不断送出，从而将臭氧不断释放到空气中消毒。

（2）使用方法。

1）将汽车臭氧消毒机放置在平稳、散热良好的位置。

2）接通电源，电压表显示当前电压。将定时开关调节到汽车室内相对应的消毒时间（建议一次消毒半个小时）。

3）打开臭氧开关，设定臭氧发生器的工作时间，用软管输送臭氧到汽车室内。

4）达到设定的消毒时间后，臭氧发生器将自动停止工作。

（3）使用注意事项。

1）维护、保养必须在无电、无压力的情况下进行。

2）定期检查电气线路的绝缘情况，并且确保输送臭氧的软管无泄漏。

3）汽车臭氧消毒机连续工作时间不能超过 4h。

4）切勿堵塞或覆盖汽车臭氧消毒机通风口。

14. 美容工具车

（1）美容工具车适用于各种美容工具、刀具及用品的分类存放，能够节省很多空间，同时让工作环境变得整洁干净、条理有序。

（2）美容工具车存取物品非常方便、高效，能够及时准确地为技术人员提供合适的工具。

第二部分　汽车美容作业项目

学习任务三　汽车外部美容

一、汽车清洗

1. 用高压水枪人工清洗汽车的方法

用高压水枪清洗汽车的操作包括冲车、擦洗、冲洗、擦车和验车五个步骤。

（1）冲车。车辆驶入洗车工位停放平稳，由两名美容技师一左一右同时将脚垫撤出，再关好所有车窗玻璃及车门，然后用高压清洗机冲去车身污物，顺序为自上而下。整个过程当中始终由一个方向向另一边的斜下方冲洗，尽量避免反向冲洗，以免将泥沙冲回已经冲洗干净的部位。

（2）擦洗。用泡沫清洗机将清洗剂与水混合成泡沫，并在高压下将泡沫均匀喷到车身外表，浸润几分钟，依靠泡沫的吸附作用，使清洗液充分地渗透于车身表面的污垢。最后用洗车海绵擦拭车身表面泡沫，按照从上到下的顺序擦洗车身。

（3）冲洗。擦洗完毕之后，开始冲洗车身，顺序同冲车一样，但这时应以车顶、上部和中部为重点。因为冲车时已经将车身下部冲洗得比较干净并进行了一定的擦洗。当冲洗中部以上部位时向下流动的水基本能够将下部及底部冲洗干净，所以下部和底部一带而过即可。

（4）擦车。

1）由两名美容技师各用一块半湿性大毛巾将整个车身从前至后先预擦一遍。当擦完一遍后，应取出两块毛巾，一干一湿，用半湿性毛巾擦净车门边、发动机室盖、行李箱边沿及燃油箱盖内侧的泥沙后，再用干毛巾擦干前面所留下的水痕。

2）用吸尘机将车内的尘土由上至下（仪表台、座椅缝隙处及地毯）吸干净，倒掉烟灰缸内的烟灰及杂物，垫好脚垫。然后用半湿性毛巾和抛光巾擦拭玻璃，用半湿性毛巾擦干轮圈及汽车底部（擦内饰及玻璃的毛巾应与擦洗门边、车身底部及轮圈的毛巾分开使用）。

（5）验车。验车时应特别注意检查洗车工序中容易遗漏的部位，如发动机室盖边沿及内侧、车门边缘内侧、车门把手内侧、行李箱边沿内侧、燃油箱盖内侧、车身底部、轮胎及排气管等部件。在交车之前最好在车内喷洒些香水或空气清新剂，使车主感到更加满意。

步骤图解：

① 从左后尾部开始冲水

② 后尾部冲水

③ 左后轮辐冲水

④ 左后轮辋及轮胎冲水

⑤ 左前轮辐冲水

⑥ 左前轮辋及轮胎冲水

⑦ 从车顶向下面冲水

⑧ 向前部车底冲水

⑨ 向前部车头冲水

⑩ 右前轮辐冲水

⑪ 右前轮辋及轮胎冲水

⑫ 右边门板冲水

⑬ 右后轮辐冲水

⑭ 右后轮辋及轮胎冲水

⑮ 右后部打泡沫

⑯ 右中部打泡沫

⑰ 右前部打泡沫

⑱ 车头前部打泡沫

⑲ 左前部打泡沫

⑳ 左后部打泡沫

㉑ 用加长刷子擦洗车顶

㉒ 按顺序将车辆左边泡沫擦洗一遍

㉓ 按顺序将车头泡沫擦洗一遍

㉔ 按顺序将车辆右边泡沫擦洗一遍

㉕ 分别清洗四个轮胎及轮圈

㉖ 擦洗车辆尾部

用高压水枪冲去车身污物　　喷泡沫　　擦拭车身表面　　冲去泡沫　　擦干车身

㉗ 从车顶开始再次冲水，将泡沫冲干净

㉘ 冲洗车辆右边泡沫

㉙ 将车头及右边泡沫冲洗干净

㉚ 将车辆移出洗车工位

㉛ 用干毛巾按从行李箱、车顶到车头的顺序进行吸水处理

㉜ 用干毛巾擦干净车身四周

㉝ 起动吸尘机

㉞ 对车室乘客席地毯进行吸尘

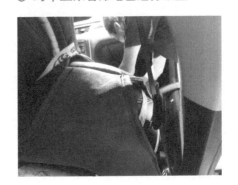

㉟ 对车室后部地毯进行吸尘

㊱ 对车室前部地毯进行吸尘

㊲ 对行李箱地毯进行吸尘

㊳ 用干毛巾擦干净车室内乘客席及变速杆周围

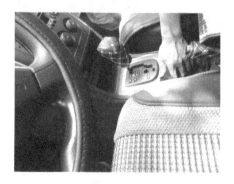

㊴ 用干毛巾擦干净车室后部

㊵ 用干毛巾擦干净车室前部

㊶ 用干毛巾擦干净车室内驾驶席及仪表台周围

㊷ 用干毛巾擦干净行李箱盖及内部

㊸ 用干毛巾清洗门窗密封条

㊹ 清洗门窗内饰板

㊺ 对仪表台喷洒仪表板蜡

㊻ 对四个车门内饰板喷洒仪表板蜡

㊼ 清洗干净脚垫

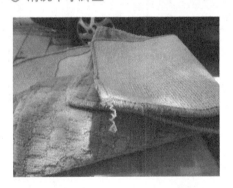

㊽ 把清洗干净的脚垫分别放置车内

㊾ 清洗发动机室

㊿ 清洗刮水器

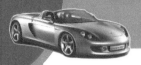

(51) 添加风窗玻璃清洗液

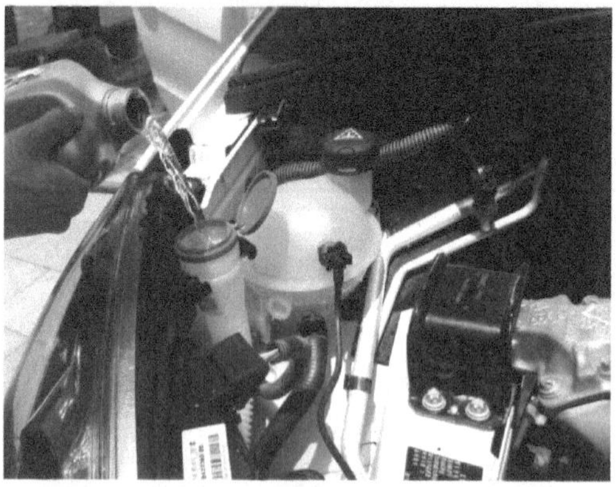

(52) 检查制动液液位

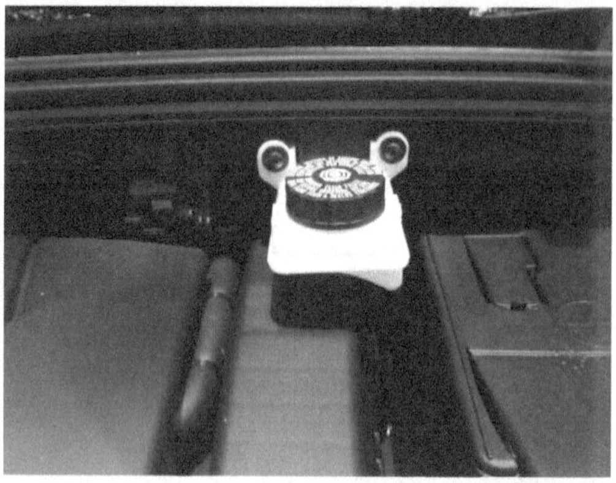

(53) 检查冷却液液位

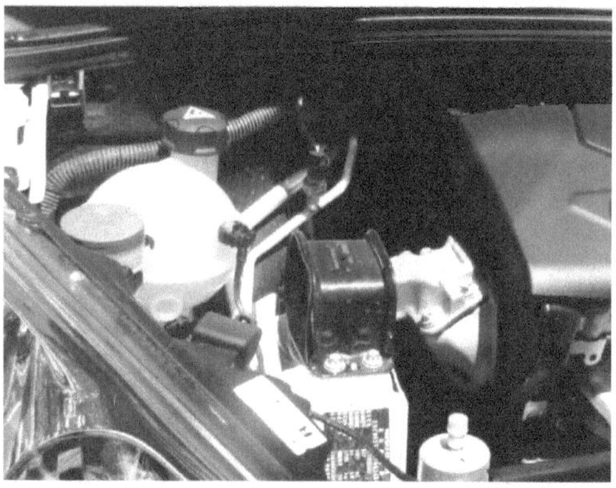

(54) 确保车辆干净，准备交车

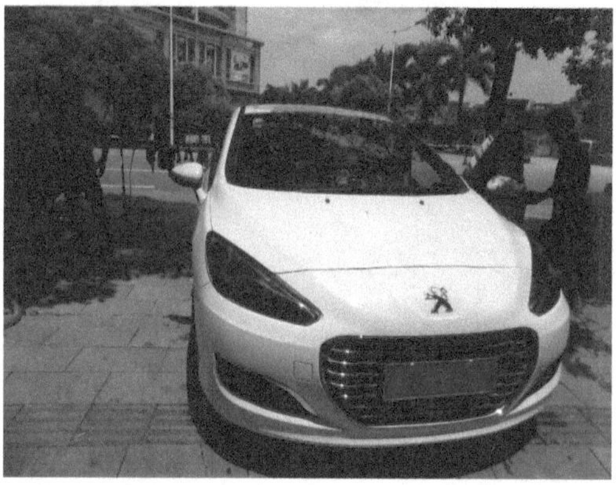

车内吸尘　冲脚垫　验车

人工洗车的技术标准：

（1）冲车的质量标准：全部车身用高压水枪打湿且无遗漏，车漆表面无大颗粒泥沙或污物。

（2）擦洗的质量标准：擦洗后无漏擦之处，车身面漆无划痕。

（3）冲洗的质量标准：冲洗后车体无泥沙、无污垢、无漏擦之处。

（4）验车标准：外部饰件应无尘土、无污垢、无水痕，玻璃光亮如新、无划痕，内饰部件无灰尘、室内无异味，座垫及脚垫摆放整齐有序。

2．用电脑自动洗车机清洗汽车的方法

电脑自动洗车机清洗操作规范：

（1）开机前准备。

1）检查各运行机件是否在初始位置，电源开关指示灯是否亮。

2）检查气压是否正常，气压应为 300 ～ 400kPa。

（2）指挥被清洗车辆移动至清洗车位，前后按规定位置停好。

（3）将发动机熄火，拉上驻车制动，关闭所有门窗玻璃，收进天线。

（4）确认车身安装的装饰物、后视镜、刮水器的安装状况良好，确认车身上有无划痕和漆面损伤，并告知车主认可。

（5）对机器进行维护时应关闭总电源，严禁用湿手触摸控制面板上的电气开关，严禁将水泼在控制面板、电动机等电器元件上。

（6）每天对机器进行清洁擦拭，并检查润滑油面高度。

（7）每月对电脑自动洗车机进行彻底保养一次，包括：

1）检查并补充润滑油，所用的润滑油为 15W-40 汽油机油，如果油面低于正常值，将机油加至标准位置。

2）检查各固定螺栓和销轴是否牢固可靠。

电脑自动洗车机
清洗过程

步骤图解：

① 用高压水枪对轮圈及轮胎进行除泥冲洗，为电脑洗车做准备

② 用高压水枪对车身冲水

③ 对汽车喷泡沫进行简单的冲洗

④ 引导车辆进入电脑自动洗车机房内

⑤ 车辆驶入电脑自动洗车机房

⑥ 起动电脑自动洗车机

⑦ 电脑自动洗车机进行清洗中

⑧ 电脑自动洗车机洗完后将车辆驶出到干洗工位

⑨ 起动吸尘机对车室进行吸尘

⑩ 清洗轮胎及轮圈，然后喷涂光亮剂

⑪ 用毛巾将全车水珠擦干

⑫ 用毛巾对室内进行擦拭

⑬ 用毛巾将四个车门饰板及门槛擦干净

⑭ 用压缩空气吹干缝隙水分

⑮ 验车交车

专业洗车技术标准：

（1）汽车在电脑自动洗车机房经检查安全后，再开机清洗。

（2）汽车在清洗时，严格按"车表清洗、底盘清洗、车表上水蜡"三步进行。

（3）汽车在清洗中，若发现车表有明显的污泥部位，应使用高压水枪快速冲洗掉污泥。

（4）在车表干净的情况下，方可将汽车驶出电脑自动洗车机房。

（5）擦车时，先用干净潮湿的长毛巾将车表快速擦一遍；再用干净潮湿的麂皮擦干主要的漆面和玻璃部位，对车裙部位、门边和其他边角部位应使用干净潮湿的毛巾擦干。

（6）车表水分全部擦净，边、角、缝不留任何水痕或水珠。

（7）仪表台和前风窗玻璃擦洗后，应干净，不模糊。

（8）轮胎轮圈清洗后，应表面干净，无污痕。

（9）车室吸尘后，应无颗粒物。脚垫清洗后，应无灰尘、污水，并使其干燥后再放入车内。

（10）交车前，使用压缩气枪吹干边缝，并检查擦车有无遗漏之处。

二、汽车打蜡

专业打蜡的操作方法：

（1）汽车清洗。为了保证打蜡效果，打蜡前必须对车辆进行彻底清洗。待车身完全干燥后才能上蜡。

（2）上蜡。

1）手工打蜡时应将适量车蜡涂在海绵块上，然后在车身表面进行直线往复涂抹，不可将蜡液倒在车身上乱涂或做圆圈式涂抹。一次作业要连续完成，不可涂涂停停。每道涂抹应与上道涂抹区域有四分之一重合度，防止漏涂并保证均匀涂抹。车蜡在车身上涂抹10min左右，待蜡渗透于面漆内层，然后均匀擦拭，将蜡层擦得如镜面般光滑为止。

2）使用上蜡机打蜡时，将车蜡涂在海绵垫上，具体涂抹过程与手工相似，但不可用力过大，以免对原漆造成损坏。

注意：打蜡完成后，应清除车灯、车牌、车门和行李箱等处缝隙中的残留车蜡，这些车蜡如不及时清除，不仅影响车身美观，还可能产生锈蚀。

（3）抛光。上蜡5～10min后，蜡表面开始发白，用手背感觉车蜡的干燥程度，刚刚干燥而不粘手时即可进行抛光。抛光可以用手工抛光或抛光机抛光。抛光时遵循先上蜡后抛光的原则，确保抛光后的漆面不受污染，手工抛光通常使用无纺布毛巾往复直线运动，适当用力按压，以清除剩余车蜡。

步骤图解：

① 用高压水枪把汽车表面的沙尘冲掉

② 用泡沫清洗机喷泡沫，然后再用洗车海绵对车辆进行彻底擦洗

③ 擦洗完成后，用高压水枪将泡沫及污渍冲洗掉，但要控制好高压水枪的压力，以免压力过高伤及车身漆面

④ 用棉毛巾擦干车上水珠，并用气压枪吹干缝隙及其隐蔽部件的水分

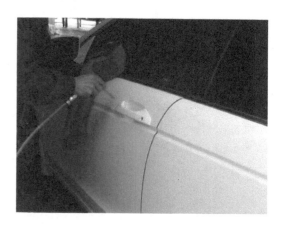

⑤ 用打蜡机打蜡并抛光处理

用打蜡机打蜡并抛光

⑥ 用棉毛巾小心地把蜡擦干净

⑦ 用海绵打上光蜡

⑧ 用棉毛巾来回擦拭进行手工抛光

⑨ 将缝隙里的多余蜡小心刷掉

⑩ 经过打蜡上光后的车辆应亮丽如新，色泽鲜艳，光亮照人

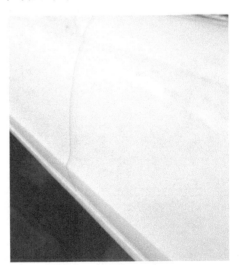

漆面抛光的技术标准：

（1）在阴凉、光线好的专业美容车间进行抛光。

（2）在抛光过程中应穿专业的工服。

（3）漆面研磨抛光后，应光亮如新，细腻光滑。

（4）交车前，应确保车身表面及边角缝干净，无灰尘，无露白现象。

三、汽车镀膜

汽车镀膜操作规范：

（1）车辆检查。主要检查车辆是否有重喷漆、是否有不可修复的划伤、以前是否抛光过、车漆是否异常等情况。

（2）车身清洗。用高压水枪将车身表面附着的灰尘、沙粒、污垢等冲洗干净，然后将专用洗车泡沫喷洒在车身表面，再用干净的专用软海绵从车身上部开始向下进行擦洗。最后再用高压水枪从车辆上部开始往下冲洗泡沫直至干净为止。

（3）漆面除渍。去除车身表面的铁粉、洗不掉的顽固污渍，如虫尸、树汁、鸟屎、沥青及轻度涂料。去除轮圈上的铁锈等顽固污渍。

（4）遮蔽处理。用遮蔽纸将车身表面的橡胶、电镀件、车标等部位遮蔽起来，避免附着研磨剂后影响车身美观。

（5）抛光研磨。在专用灯光下判断车漆的状况。根据车漆划痕程度的不同、漆面劣化状况的不同以及车漆硬度的不同选择不同的抛光方案。**注意：切勿使用含有硅或蜡质的研磨剂，以免影响镀膜效果。**

（6）清洁脱脂。用专用的脱脂剂去除研磨时残留在车漆表面及缝隙间的油、粉尘、研磨剂。注意动作轻柔，避免把处理好的漆面划伤。

（7）镀膜剂涂抹。先向车体表面喷洒适量的水，再将3～4滴镀膜剂滴在专业镀膜海绵上，纵横交错涂抹均匀。

（8）镀膜剂擦拭。涂抹过镀膜剂后，经过适当的时间，使其反应后，再用专用的超细擦车巾擦拭漆面，直至无镀膜剂残留，漆面光亮。

（9）检查交车。仔细确认车身是否留有擦拭痕迹或擦拭不彻底、不干净的地方，发现残留时，应立即再次擦拭。

步骤图解：

① 用高压水流把附着在车体上的灰尘、沙粒、污垢等冲洗干净

② 用风枪将遗留在缝隙中的水分吹出

③ 将车身塑料部件贴好美容胶条，以免做抛光还原时损害塑料部件

④ 抛光还原处理

⑤ 进行车漆脱脂处理

⑥ 从车头开始镀膜

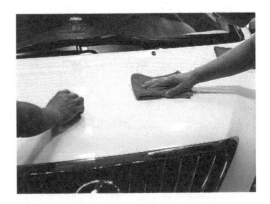

⑦ 车辆四周及车顶镀膜

⑧ 车辆后部镀膜

⑨ 分别对四个轮圈进行镀膜

⑩ 轮胎上光处理

车身镀膜的验收标准如下：

（1）亮度：车身漆面犹如陶瓷光泽、晶莹剔透。

（2）手感与滑度：感触漆面应光泽润滑，似液体玻璃，手感清凉如丝。

（3）车身表面：观察车身表面，无新的残损部位，无明暗不均、漏镀等，表明车身镀膜符合标准。

喷涂镀膜剂

四、汽车封釉

汽车封釉操作规范：

（1）车身清洗。用高压水枪将车身表面附着的灰尘、沙粒、污垢等冲洗干净，然后将专用洗车泡沫喷洒在车身表面，再用干净的专用软海绵从车身上部开始向下进行擦洗。最后再用高压水枪从车辆上部开始往下冲洗泡沫直至干净为止。

（2）黏土打磨。由于长期积存的尘土、胶质、飞漆等脏污很难靠清洗来去除，需要用一种从细腻火山灰中提炼出来的"去污黏土（也称洗车泥）"进行全面的打磨处理。

（3）遮蔽处理。用遮蔽纸将车身表面的橡胶、电镀件、车标等部位遮蔽起来，避免附着研磨剂后影响车身美观。

（4）振抛封釉。用振抛封釉机按顺序横竖来回封三遍，使类似釉的保护剂被深深压入车漆的毛孔之内，形成牢固的网状保护层，附着在车漆表面。封釉机转速为 1000 ～ 2000r/min，每次封釉用一瓶釉剂。釉剂中富含 UV 紫外线防护剂，可以大大降低日晒辐射对车漆的伤害，并可抵御酸碱等化学成分的侵蚀。

（5）无尘打磨。最后用无尘纸或棉毛巾打磨一遍车身，可让车漆如镜面般光亮。

步骤图解：

① 检查车身有无掉漆、凹点等现象，并请车主确认，然后用高压水枪清洗车身的沙粒、泥土、灰尘，再使用洗车液将污垢清洗干净

② 用洗车泥在车身慢慢擦动，将漆面附着的铁粉、顽固污渍清除干净，目的是防止抛光时损坏漆面。洗车泥表面弄脏后，将脏面揉搓到内部，保持洗车泥表面干净

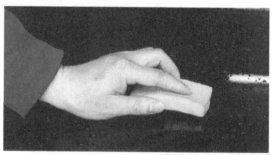

③ 用美纹纸胶带把车身上所有橡胶、塑料、金属部件以及车标等保护起来，避免抛光时被抛光机抛花

④ 用适合的研磨剂对漆面进行抛光，新车直接用镜面处理剂抛光一遍即可封釉

⑤　抛光后车身表面会有残留的研磨剂或抛光后留下来的粉末，要用清水冲洗一遍，并将车擦干

⑥　将釉充分摇匀后，倒适量釉于车漆表面，面积约 30cm^2 即可

⑦　用振抛封釉机横竖来回封三遍，直至整车封釉完毕

⑧　整车封釉完后即可从头开始用柔软的超细纤维毛巾将车身、边角缝隙处多余的釉剂擦净，将美纹胶带撕下，对全车进行检查

车身封釉的验收标准如下：

（1）亮度：车身漆面犹如陶瓷光泽，镜面光泽度应在 80%～90%。

（2）手感与滑度：感触漆面应光泽润滑，似液体玻璃，手感清凉如丝。

（3）车身表面：观察车身表面，无新的残损部位，无固化产品附着，无沥青、污泥物、水珠等杂物残留，表明车身封釉符合标准。

五、汽车玻璃镀晶

汽车玻璃镀晶就是将玻璃镀晶剂涂抹在汽车玻璃上，它能迅速形成保护层，从而有效地填补玻璃的细微毛孔，从而增强玻璃表面的疏水能力，有极好的耐磨性和耐洗涤能力，同时也提高玻璃的抗击强度，防止玻璃表面划花。

步骤图解：

① 用玻璃清洗液将玻璃表面所有污垢、尘埃、鸟粪等彻底清洗干净，并用干抹布擦干

② 将玻璃抛光剂均匀地涂抹在汽车前、后风窗玻璃及侧窗玻璃上

③ 对汽车前、后风窗玻璃进行抛光

④ 对侧窗玻璃进行抛光

⑤ 再次用玻璃清洗液将残余的玻璃抛光剂清洗干净，然后用风枪吹干玻璃表面

⑥ 用清洁乳液对汽车前、后风窗玻璃及侧窗玻璃的表面再擦拭一遍

⑦ 将玻璃镀晶液喷在玻璃表面然后用配备的海绵块沿同一方向抹至均匀

⑧ 在无尘车间让其风干，必要时可以用红外烤灯烘烤，让镀晶液彻底吸附即可完成

六、汽车前照灯翻新

在日常的用车过程中，汽车前照灯往往会出现发黄甚至龟裂的现象，此时前照灯的透光度就会受到较为严重的影响。如果把整个前照灯更换，将会增加用车费用，最好的办法是进行前照灯翻新。前照灯翻新主要是用砂纸打磨前照灯，然后用专用的蜡来进行抛光。

步骤图解：

① 准备打磨用的水砂纸

② 用粗水砂纸进行打磨

③ 用细水砂纸进行打磨，直到龟裂消除

④ 准备抛光蜡和抛光机

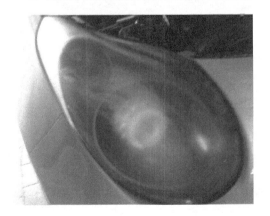

⑤ 使用抛光蜡对前照灯表面进行抛光　　　⑥ 前照灯抛光后恢复光泽即可

七、汽车玻璃划痕修复

　　汽车玻璃上的划痕可以通过玻璃抛光粉研磨去除，但只限于面积小的浅划痕，而且最好不要在主视线范围内。如果划痕在主视线范围内，为安全起见建议直接更换汽车玻璃，因为研磨会使汽车玻璃产生损耗，也将会影响到视线。

步骤图解：

①　首先将玻璃划痕处清洁干净，然后用毛巾对划痕周围做好防护，再使用玻璃抛光粉对划痕进行研磨，直到划痕消除为止　　②　将汽车上残余的玻璃抛光粉清洁干净。如有必要，可以使用玻璃抛光剂进行抛光，使其恢复光泽

八、汽车玻璃炸点修复

　　高速行驶的汽车会带起路面上的小砾石，这些砾石如果撞击到快速行驶的汽车玻璃上，会对汽车风窗玻璃造成损伤，有的能形成一个个小炸点，有的直接将汽车玻璃砸碎。对于炸点可以进行修复，严重破坏的玻璃则选择更换新的玻璃。

步骤图解：

① 在玻璃内侧安装反光塑料镜子

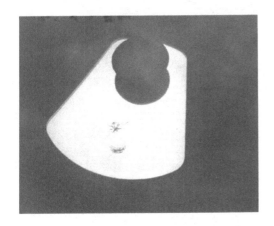

② 清洁干净玻璃裂纹内的杂质

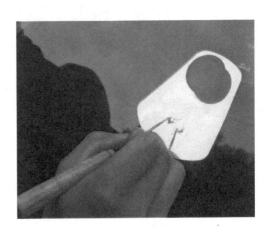

③ 用专业打火机烘烤玻璃，使破损缝隙内水分蒸发掉

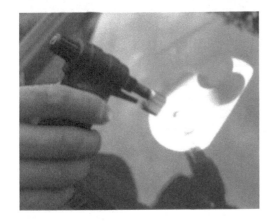

④ 将专业玻璃修补树脂液滴入修补工具的注射器中

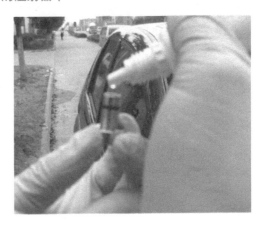

⑤ 安装修补工具，并使注射器的中心与玻璃炸点处的中心对正

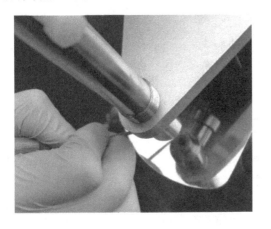

⑥ 专业玻璃修补树脂液在大气压的作用下注入炸点位置

⑦ 旋出柱塞，轻轻抬起吸盘的侧面把修补工具取下来

⑧ 用紫外线灯从外面加热损伤部位使其快速硬化

⑨ 用刀片从玻璃上刮除多余部分的专业玻璃修补树脂液

⑩ 使用玻璃抛光剂对炸点修复位置进行抛光，直到恢复光泽即可

学习任务四　汽车内部美容

一、汽车车室美容

汽车车室美容操作规范：

（1）车室除尘。除尘作业是内饰清洁的首要工作，一般选用吸尘机及毛巾进行除尘。在除尘时应遵循从高处到低处的原则，即首先进行顶篷除尘，然后依次是侧面、座椅、仪表台、后平台及地毯等。

（2）车室清洁。清洁作业在除尘后进行，目的是清除附着或浸渍在内饰表面的污物。基本用品是毛巾及有关清洁护理品。在车室清洁时也要求遵循由高处到低处的原则，即从顶篷到纤维织物、真皮座椅、玻璃、仪表板、门边，最后清洁地毯、脚垫等。

（3）车室净化。除尘及清洁作业主要清除灰尘及污迹，对于车室内的有害细菌无法彻底清除，为此，在车室美容中要进行高温蒸汽杀菌或喷施空气清新剂。

（4）塑料皮革上光保护。使用专门的塑料、皮革上光保护剂对其进行上光保护。根据产品不同，可采用擦涂和喷涂方式，无论采取哪种方式，都要确保涂抹均匀。

步骤图解：

① 将地板垫从车内撤出并清洗干净

② 用毛刷将每个车门的铰链清扫干净

③ 用毛刷将每个车门的锁扣清扫干净

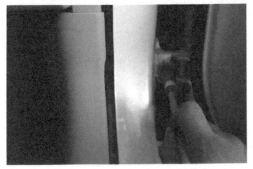

④ 用毛刷将每个车门的门槛用泡沫清洗剂清洗干净

⑤ 用毛刷将每个车门的门槛用清水清洗干净

⑥ 用毛刷将后尾灯周围清洗干净

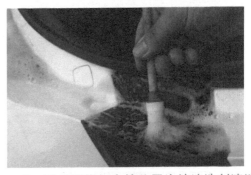

⑦ 用毛刷将行李箱盖与行李箱接合处的泡沫清洗剂清洗干净

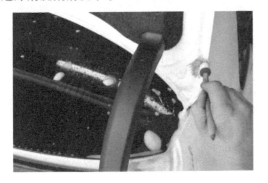

⑧ 用毛刷将行李箱盖用泡沫清洗剂清洗干净

⑨ 关上行李箱盖，用清水冲洗接合缝隙

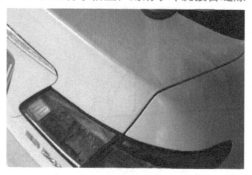

⑩ 打开行李箱盖

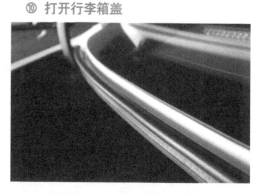

⑪ 向行李箱内喷泡沫清洗剂，并清洗干净

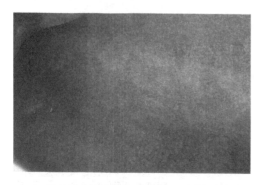

⑫ 从前往后向车室顶篷喷少许泡沫清洗剂，湿润半分钟

⑬ 用干净的刷子进行刷洗，顺其纹路方向擦拭

⑭ 用压缩空气将顶篷吹干

⑮ 用毛掸子将所有座椅扫一遍

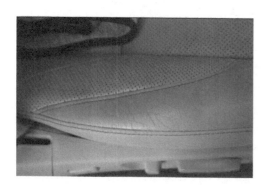

⑯ 向座椅及扶手喷少许泡沫清洗剂，湿润半分钟

⑰ 用棉毛巾进行擦洗

⑱ 特别脏的地方如座椅边沿及底座需再次喷泡沫

⑲ 用刷子进行刷洗

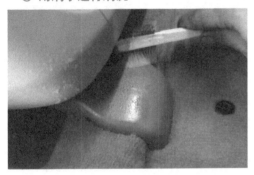

⑳ 用海绵将污痕擦掉

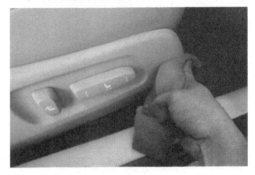

㉑ 用棉毛巾将水分擦拭干净

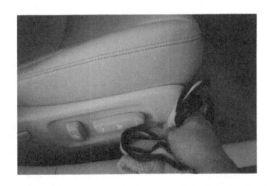

㉒ 用压缩空气将座椅再次吹干净完成座椅清洗

㉓ 向仪表台及各种风口喷少许泡沫清洗剂，湿润半分钟

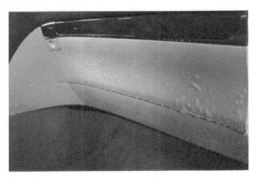

㉔ 用棉毛巾将仪表台及各种风口擦洗干净

㉕ 向车门饰板喷少许泡沫清洗剂，湿润半分钟

㉖ 用海绵将车门饰板污痕擦掉

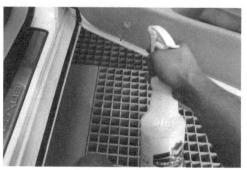

㉗ 用棉毛巾将车门饰板擦洗干净

㉘ 用棉毛巾将进风口擦洗干净

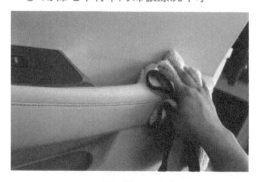

㉙ 用棉毛巾将门拉手擦洗干净

㉚ 将车门边的小饰件清洁干净即可完成车门的清洗

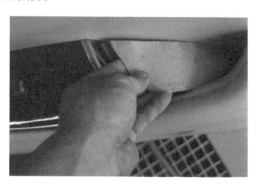

汽车车室美容的验收标准如下：
（1）脚垫、烟灰缸清洗后应干净，无油污水渍。
（2）车室各部位吸尘后应无颗粒、无杂物。
（3）车室清洗应按从前向后、从上至下的顺序进行。
（4）清洗后，车室各部位应干净整洁，无油污。
（5）内饰护理后，内饰还原翻新要达到九成新以上。
（6）交车前，保证车室干净整洁，物归原处，空气清香。

二、发动机室翻新

发动机室翻新操作规范：

（1）操作前检查。

1）起动发动机，检查发动机运转是否正常平稳。

2）检查仪表板是否有故障灯亮，如有，告知车主并作记录。

3）关闭发动机，打开发动机室盖，检查发动机室各部件有无破损。

4）检查发动机室内电器、电路有无明显破损。

5）检查发动机外壳是否过热，如过热应稍等，散热后再清洗。

（2）吹尘。用压缩风枪将发动机及周边线路表面的灰尘吹干净，而对死角边缝等地方可用加长嘴气枪进行操作。

（3）遮蔽。使用遮蔽薄膜贴在左右翼子板及前保险杠上，避免材料喷洒时不慎喷到表面而侵蚀车漆；然后使用塑料胶袋和干毛巾包扎发动机室内主要部件，如熔丝盒、发电机、行车电脑、起动机等。

（4）发动机室盖内侧清洁。

1）从上向下、由外向内逐步清洁。

2）喷洒专用清洗产品，重油污处可用强力去油污剂，一般污垢用全能清洁剂即可。

3）发动机室盖边油漆面熏污油渍，可以用全能清洁剂清洁。

（5）发动机室内清洁。喷刷泡沫清洗剂，然后使用牙刷或辅助工具进行清洁，一遍清洁后仍然不干净的部分继续喷泡沫清洗剂，多次清洁，直到干净；洗过的部分直接用毛巾擦拭、压缩风枪吹干；发动机下部使用长刷子伸到下面去清洁，边角缝隙部分使用牙刷辅助清洁，直到整个发动机完全清洁干净为止。

步骤图解：

① 打开发动机室盖并将发动机用塑料膜盖上　　② 用吸尘机将发动机室盖内侧的粉尘吸干净

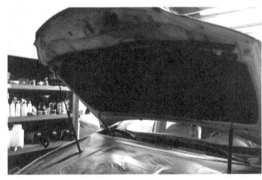
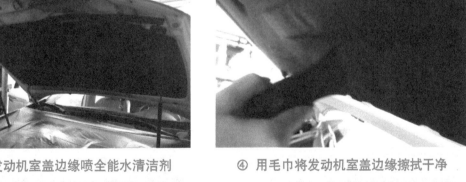

③ 给发动机室盖边缘喷全能水清洁剂　　④ 用毛巾将发动机室盖边缘擦拭干净

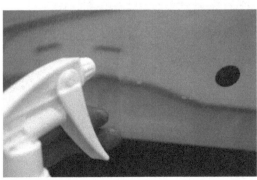

⑤ 撕开塑料膜

⑥ 向发动机室喷少许泡沫清洗剂，湿润半分钟

⑦ 擦洗发动机室周围

⑧ 对发动机进行擦洗

⑨ 用毛巾将发动机室擦干净

⑩ 对发动机进行上蜡护理（或喷刷发动机防锈漆）

⑪ 用毛巾将蜡均匀擦拭

⑫ 检验效果

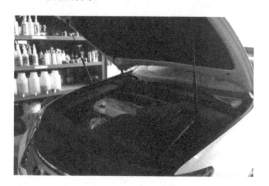

发动机室翻新及验收标准如下：

（1）控制发动机外表的温度≤40℃。

（2）冲洗发动机前，应密封好火花塞和熔丝盒部位，防止其受潮。

（3）刷洗发动机外表时，应使用软毛刷，禁用硬质刷子刷洗发动机。

（4）在发动机外表干净干燥的情况下，再喷刷发动机防锈漆或对发动机进行上蜡护理，并待其干燥后再恢复用车。

（5）汽车发动机外表清洗护理后，翻新效果要达到九成新以上。

（6）交车前，检查发动机工作是否正常，并擦净有污水的漆面和玻璃部位。

学习任务五　汽车车身漆面美容

一、漆面研磨

步骤图解：

① 用高压水枪将车身污渍及灰尘清洗干净，然后用棉毛巾擦干

② 把研磨剂摇匀并倒少许在海绵研磨盘上，用研磨盘在漆面上涂抹均匀，喷少许水

③ 起动研磨机沿车身纵向直线来回移动，研磨盘经过的长条轨迹之间覆盖三分之一，不漏大面积漆

④ 将车辆开进洗车位，对车身进行彻底清洗，用活性促进剂及清洗液对车身上残余的研磨剂进行清洗，车身必须干净、无白点

研磨时要根据漆面的状况来选择合适的研磨剂，主要有以下三种：

（1）微切研磨剂。微切研磨剂是柔和的研磨剂，研磨时对车漆损伤最小。

（2）中切研磨剂。中切研磨剂是较柔和的研磨剂，切割（摩擦）能力适中。

（3）深切研磨剂。深切研磨剂是切割（摩擦）能力最强的研磨剂。

漆面研磨

二、漆面抛光

步骤图解：

① 首先将前风窗玻璃密封起来，然后洗去铁粉与杂质

② 把抛光剂摇匀并倒少许在海绵抛光盘上，用抛光盘在漆面上涂抹均匀

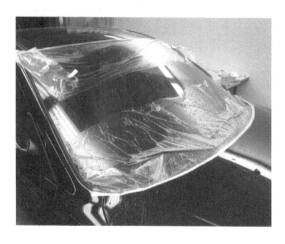

③ 调整研磨抛光机转速到1800r/min左右，使抛光机的海绵轮保持与漆面相切，力度适中、速度保持一定

④ 将车辆开进洗车位，用专用洗车蜡水对车身进行彻底清洗，提高车身光亮度

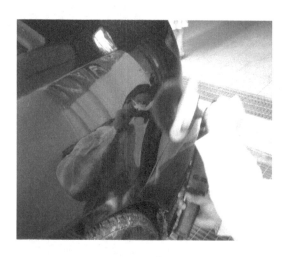

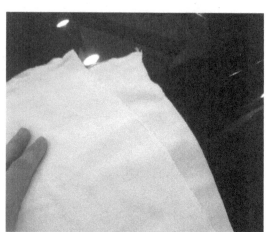

漆面抛光技术要求：

　　抛光时做到边看漆面边看划痕边抛光；抛光机应分块有顺序地在漆面上移动，在分块内由上至下、由右向左、来回重叠二分之一移动抛光机；抛光机的移动速度开始时慢、收尾时快；抛光时要掌握好轻重缓急，棱角边缘处、漆面瑕疵多的地方用力要重而缓慢，其余部位来回抛光速度要快。

漆面抛光

三、漆面划痕处理

漆面划痕处理操作规范：

（1）清洁划痕。用专用清洁剂清洁划痕，去除划痕处的污垢、残蜡。如果划痕污垢附着顽固，可以用牙签或细金属丝剔除。

（2）贴遮蔽纸。将遮蔽纸仔细地贴在划痕周围，将划痕围在胶带中心，避免漆料涂在其他地方，减少清理工作。

（3）用修补笔或色漆修补漆面划痕。修补笔或色漆有不同的颜色，修补时要选择与面漆相同或相近的颜色进行补漆。如感觉划痕较深，可在第一次涂抹后，观察到涂料已干后再反复刷涂；修补的部位要稍微凸出一点，以留出修磨余量。

（4）研磨。待补漆干燥后，一般用细砂纸蘸水轻轻打磨，直至平整、光滑。

（5）喷或涂晶亮清漆。在修补部位喷或涂上一层晶亮清漆，使其与原漆融为一体。

（6）上蜡处理。涂层干燥后，揭去遮蔽纸，选择合适的手蜡，轻轻涂抹、抛光，即可恢复光亮。

用油漆填充
划痕位置

步骤图解：

（1）漆面修补笔处理划痕

① 用专用清洁剂或砂纸将划痕处的油污、车蜡及铁锈清洁干净

② 参照对色卡的颜色，选择与车身漆色相符的修补笔颜色

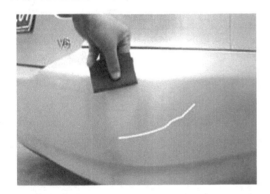

③ 使用前应将漆面修补笔摇匀

④ 选好划痕的部位，用漆面修补笔填充，每隔 5min 重复涂抹一次，直至略高出原车漆平面即可

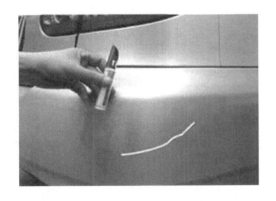

⑤ 上漆 2 ～ 3 天待漆干燥后，可使用细砂纸进行水研磨

⑥ 用干布将抛光蜡沿顺时针方向涂抹在漆面，待蜡干燥约 1min 后，用毛巾或布块顺时针擦干即可

水研磨

（2）漆面喷漆处理划痕

① 选择修补工具及用品

② 将擦伤处清洗干净后用砂纸打磨平

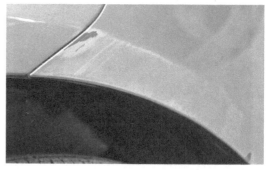

③ 填补材料

④ 用布清洁干净待喷漆区域便可以开始喷漆

⑤ 等待漆面干燥后涂上抛光蜡

⑥ 抛光完成后的效果

关于划痕：

（1）不规范的洗车会对车身造成划痕。如冲洗汽车时水枪压力过大、表面附有尘埃时用抹布或毛巾擦拭，都会导致车身表面出现微小划痕。

（2）汽车在使用过程中，由于摩擦、碰撞等因素，不小心划伤漆面，造成漆面出现深浅不一的划痕，如不及时进行处理，将会导致车身耐蚀性和耐磨性下降，并且影响汽车的美观。

四、汽车漆面修补与涂装

步骤图解：

① 对面漆层的刮伤部分进行打磨

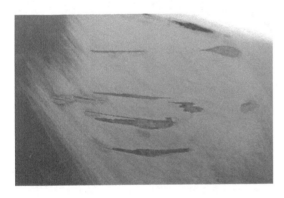

② 刮腻子填平划痕造成的凹陷

③ 刮腻子完成

④ 用烤灯将腻子烤干

⑤ 用砂纸进行水磨

⑥ 清洁干净填补层周围

⑦ 第二遍刮腻子

⑧ 第二遍磨平

⑨ 涂中涂层

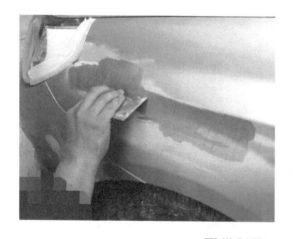

⑩ 将遮蔽纸仔细地贴在刮痕周围，目的是确保漆料不会涂到其他地方，减少事后清理的工作

漆层修补区域　　　修补区域喷漆

⑪ 对喷漆区域进行喷漆

⑫ 用烤灯将漆面烤干

⑬ 用细砂纸将漆面打磨一遍

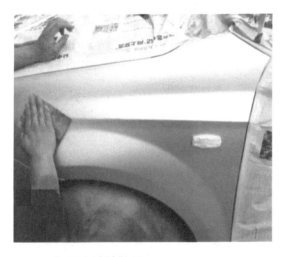

⑭ 在修补部位喷上一层晶亮清漆

⑮ 把晶亮清漆烤干

⑯ 选择合适的手蜡，轻轻涂抹、抛光，使之恢复光亮，最后揭去遮蔽纸即可完成

第三部分　汽车装饰基础

学习任务六　汽车装饰基本知识

一、汽车装饰技术要求

1.协调原则

饰品颜色和汽车的颜色相协调可以彰显品质，显得风格统一大气。比如，黑色的轿车配以浅茶色的太阳膜，深灰色的驾驶室里配上米黄色的座套与白色枕套、棕色车毯等，这样整个驾驶室就会显得很大方、豪华、和谐。冷色调的颜色(如绿、蓝、紫等)给人的感觉是清淡和深远；暖色调的颜色(如红、橙、黄等)给人的感觉是温暖和亲切。

2.实用原则

在选择汽车装饰品时，最好能根据车内空间的大小，尽可能地选用一些能充分体现车主个性的小巧、美观、实用的饰物，如茶杯架、香水瓶、储物盒等。

3.整洁原则

车内饰品应做到干净、卫生、摆放有序，给人一种轻松、舒适的感觉。同时车内所有的饰物必须便于拆下清洗或更换。

4.安全原则

在追求汽车装饰装修的时候，一定要切记车内饰品绝不能影响驾驶人的安全行车或乘员的安全，如在前、后风窗玻璃上面不宜张贴大面积的宣传标语、广告或其他图案；在车内部也不宜吊挂过长、过大的饰物等。

5.美观舒适原则

车内饰品的色彩和质感要符合车主的审美观，香水味道要清新、不宜太浓；否则反而容易降低车内美观档次。

6.合法性原则

车饰产品以合法为前提，不得违反国家相关交通管理法律法规，如安装可更换车牌的遥控车牌架就是违法行为。

二、汽车装饰的分类

1.按照使用范围来划分

汽车装饰可以分为通用类和定制类。通用类适合所有汽车使用，如香水瓶、挂饰等；定制类则需要按照品牌和车型来专门订做，如扶手箱、车窗帘、迎宾踏板等饰品。

2.按照汽车类别来划分

汽车装饰可以分为轿车类和SUV类，大多数车饰都适合在轿车上使用，SUV类的车饰主要是一些功用性较强的产品，如指南球、踏板、发动机下护板等。

3.按照安装位置划分

汽车装饰可以分为汽车外部装饰和汽车内部装饰两大类。

三、汽车装饰注意事项

1.贴膜注意事项

(1)贴膜后，不要急于开冷气也不要暴晒。

(2)如果玻璃上有雾气、水纹或者气泡，一定要在24h内返回到贴膜的店内处理。

（3）在贴膜后的 3 天内不要开车窗，也不要洗车。

2．铺地胶注意事项

目前市场上的地胶产品质量参差不齐，地胶因为防水而不透气，一旦有水进入车内地板和地胶之间就会腐蚀车内地板，甚至导致车内出现异味，所以必须选择质量过关的地胶。

3．选购香水注意事项

选购香水的时候要选择天然原料的香水，廉价的香水对于车内空气是有害无益的。不宜选择香味太浓的香水，香味以清新淡雅为佳，且有醒脑抗疲劳的作用。

4．新车装饰注意事项

（1）选择竹炭或光触媒去除新车味道。

（2）未贴膜前请不要把保险、车检和环保标志贴在前风窗玻璃上，否则贴膜时还要揭掉。

学习任务七　汽车装饰常用的工具及设备

一、汽车装饰常用工具

① 铲刀

② 刮刀

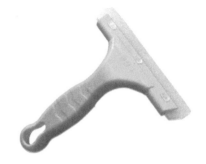

③ 刮板

④ 剪刀

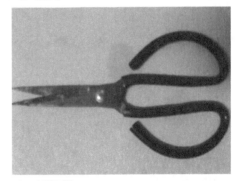

⑤ 尺子

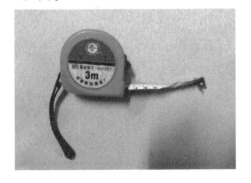

⑥ 标记笔

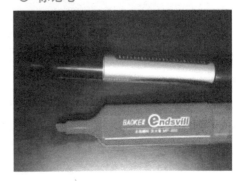

⑦ 装饰板胶扣

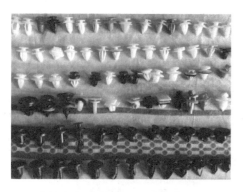

⑧ 胶扣起子

⑨ 内饰拆卸专用工具

⑩ 剪切钳

⑪ 剥线钳

⑫ 电工测试笔

⑬ 电工刀

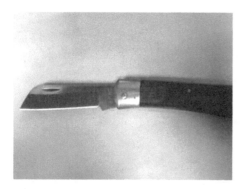

⑭ 电工胶布

⑮ 自锁扎带

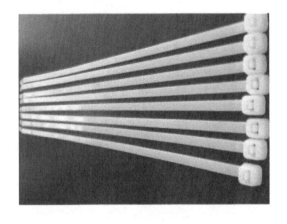

⑯ 遮蔽膜

二、汽车装饰常用设备

① 汽车座套缝纫机

② 泡沫塑料锯

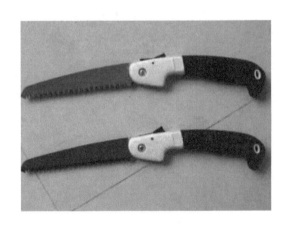

③ 热风枪

④ 砂轮机

⑤ 手提电钻

⑥ 底盘装甲特殊喷枪

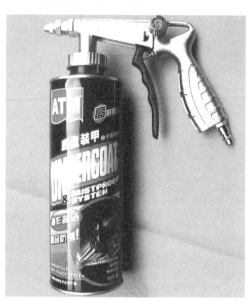

⑦ 底盘装甲安全防毒面具

⑧ 底盘装甲安全防护衣

第四部分　汽车装饰作业项目

学习任务八　汽车车身装饰

一、汽车贴膜

汽车贴膜流程与步骤如下：

（1）贴膜准备。

1）对于所接车辆的外观进行检查，如果有瑕疵或者车内有贵重财物的，需要提醒车主注意，并提示车主将贵重物品拿走。

2）清洁施工场地，做到地面干净，如果是无尘贴膜车间，则打开喷雾，先做室内降尘处理，确保施工环境达到贴膜的要求。

3）准备工具，包括热风枪、刮板、贴膜喷壶、裁膜刀、贴膜保护套装、施工大小毛巾、门板遮蔽膜及玻璃清洁剂等。大毛巾用于覆盖发动机室盖，小毛巾用于覆盖仪表台，贴膜保护套装用于将车辆前后排座椅全部套好。门板遮蔽膜应用胶带贴好。

（2）车身表面清洗。

1）贴膜清洗时应使用纯净水，勿使用自来水，因为自来水内含沙粒或杂质，影响贴膜效果。

2）对车身表面应该进行彻底的清洗，尽量把潜在的尘埃控制在最少程度。裁切车膜时应使车膜牢牢地贴在车身表面或玻璃上。

对于车窗玻璃的表面必须采用强力液体清洗剂进行清洗，然后用刮板小心地沿着玻璃表面轻轻地平滑用力清洁，这主要是为了避免贴膜后隔热膜与玻璃之间存在沙粒或者其他物质影响施工质量。

（3）贴膜轮廓初裁。

1）用钢直尺或钢卷尺测量需要贴膜部位的大小，从裁膜台上裁下，一般要求比测量的数据大5cm。

2）在车身表面或玻璃外表面上喷洒少量的安装液，把膜覆盖其上，剥离膜朝外，经小心地滑动定位后，开始沿边框四周裁剪膜的大小。

（4）热定形。

1）热定形工艺主要针对的是车身表面或玻璃外表面的弧度和球形弯曲。采用便携热风枪可把车膜精确地收缩定形于大部分复合曲面上，消除在曲面上出现的皱折。

2）为了确保整形后的车膜更加精确地贴合至车身及玻璃的弧度，建议湿烤前进行干烤，以使膜能够充分地预收缩。

3）车膜在经过了干烤后基本成形，为了使车膜更加吻合车身及玻璃的弧度，还需要喷水对车膜湿烤，然后用刮板定形。

（5）轮廓精裁。

1）热定形后再对车膜进行精裁，按照车身及玻璃的尺寸和弧度进行进一步精细化剪裁，确保车膜的边缘平滑整齐，避免把车膜边缘剪裁成锯齿状。

2）在对车膜进行精裁过程中，建议由两名技师配合进行，在车内的技师用电筒或工作灯照射，这样可以使车外的技师剪裁得更加精细。**注意：拿剪裁刀的力量要适度，避免划伤车身漆面或玻璃。**

（6）车膜伏贴。

1）撕开车膜的保护膜，用安装液喷洒暴露的安装胶。这样粘胶临时失去黏性，允许车膜在干净的车身及玻璃表面平稳地滑动。在车膜的粘胶表面喷洒安装液后，车身及玻璃内表面也同样喷洒安装液。

2）随着保护膜的剥离和安装液喷洒在车身或玻璃与车膜的粘胶层上，对于面积大的前后风窗

玻璃，需要仔细地滑移，确保准确定位。

（7）挤水工艺。

1）用软刮板轻柔地将车膜定位在车身或玻璃上后，应立即在车膜表面再次喷洒安装液，润滑需挤水的表面。

2）为了避免对车膜表面的划损，建议使用撕下的保护膜覆盖在车膜之上，用刮板将车膜与车身或玻璃之间的残留水分赶干净。

（8）边缘检查。

1）检查车膜的所有边缘，并用刮板（或其他同类工具）挤封。所有边缘必须挤封，以免在固化期间有空气、水分、灰粒从边部渗入车膜底下。

2）挤封过程中，工具边缘需要包覆薄吸水材料（纸巾或棉布）以吸收挤出的水分。

（9）清洁车辆。

1）当安装工作完成后，技师需要对所有车身及玻璃仔细地擦洗（内表面和外表面），去除条纹水迹和污迹，以保证汽车外观光亮。

2）仔细查看是否存在气泡、水泡等异常情况，如有，用刮板进行消除。

3）收拾好贴膜工具，将大小毛巾、门板保护膜拆除，贴膜座椅保护套收好，残膜整理干净。

（10）交车。

向前台交车，提醒前台向车主说明质保内容和车膜维护说明。必须提示车主三天之内不得开窗，等窗膜充分干燥贴合后方可开窗，避免开窗导致的车膜翻卷和划损。

步骤图解：

（1）贴车身保护膜

① 拆掉车身上的密封条及其他附件，便于装贴

② 将车身表面清洁干净，确保无泥沙、油渍等污物

③ 在车顶漆面上喷水，接着在保护膜上喷水，最后将它平铺开

④ 采用便携热风枪对保护膜进行热定形

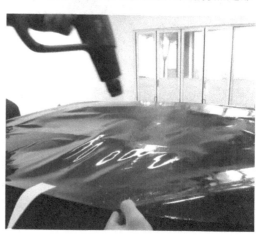

⑤　用刮板将保护膜和车顶漆面之间的水和空气赶干净即可定形

⑥　保持刮板力度均匀，从中间往四周刮水来处理水纹和气泡

⑦　用小刀沿着边部裁掉多余的膜

⑧　用便携热风枪把保护膜边缘的水分吹烤干

⑨　使用刮板进行收边处理

⑩　在刮板的表面包上棉毛巾，然后将所有密封槽清洁干净

⑪ 将车身上的密封条及其他附件恢复安装

⑫ 撕掉保护膜最上面的一层保护层即可完成车顶表面保护膜装贴。其他部位的装贴方法大体一致

贴车身保护膜

（2）贴车灯保护膜

① 将车上的前照灯及后尾灯拆下并放好

② 在车灯和保护膜上喷水，将保护膜平铺到灯罩上，然后一边用便携热风枪热定形，一边用刮板将水赶干净

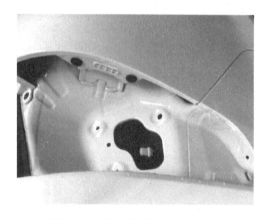

③ 用小刀沿着边部裁掉多余保护膜

④ 安装车灯并撕开保护层即可完成，其他车灯的装贴方法大体一致

（3）前风窗玻璃贴膜

① 将车身及玻璃表面的灰尘清洗干净

② 准备覆膜

③ 将前风窗玻璃膜粗切为施工对象玻璃的大小

④ 采用便携热风枪将前风窗玻璃膜精确地收缩定形于大部分玻璃的复合曲面上

⑤ 前风窗玻璃膜经过烤膜定形后，进行准确裁膜

⑥ 前风窗玻璃膜裁好后卷起，进入驾驶室进行覆膜

⑦ 保持刮板力度均匀，从中间往四周刮水来处理水纹和气泡

⑧ 用刮刀挤封，所有边缘必须挤封，以免在固化期间有空气、水分、灰粒从边部渗入膜下

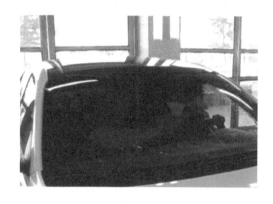

（4）后风窗玻璃贴膜

① 用玻璃清洗剂将后风窗玻璃及其边缘反复清洗干净

② 覆膜

③ 将后风窗玻璃膜粗切为后风窗玻璃大小

④ 用便携热风枪将后风窗玻璃膜精确地收缩定形

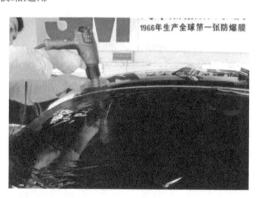

⑤ 后风窗玻璃膜精确裁好后进入车室进行覆膜

⑥ 用刮刀挤封以免空气、水分、灰粒从边部渗入膜下

后风窗玻璃贴膜

（5）侧窗玻璃贴膜

① 用玻璃清洗剂将侧窗玻璃及其边缘反复清洁干净

② 将侧窗玻璃膜粗切为玻璃大小

③ 用便携热风枪将侧窗玻璃膜精确地收缩定形，同时用刮板进行抹平，并精确裁膜

④ 侧窗玻璃膜精确裁好后进行覆膜

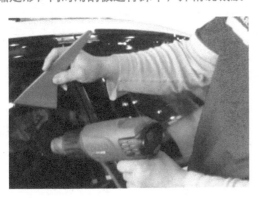

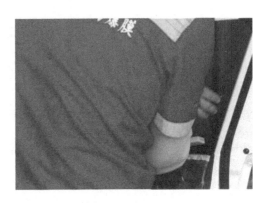

⑤ 检查、密封边缘及对水纹进行处理

侧窗玻璃贴膜

玻璃贴膜验收标准如下：

（1）前风窗玻璃覆膜验收标准。

1）覆膜要整张安装，不能拼凑。

2）覆膜不能有气泡、折痕（以刮水器有效使用范围为准）。

3）从玻璃的左右两侧分别观察，残留水必须刮干净。

4）坐在驾驶人位置，透过前风窗玻璃看车外的景物不存在模糊、色差现象。

5）从外侧查看前风窗玻璃不能有强烈的反光现象。

6）膜材的边缘与玻璃的小黑点衔接，检查应平滑，不能有明显凹凸不平的感觉。

7）膜材的边缘应粘贴完好，无起边现象。

（2）后风窗玻璃覆膜验收标准。

1）有金属加热线及天线夹在玻璃内侧的情况下，不得整张贴，必须拼贴，避免长时间加热影响其使用寿命。

2）拼接时刀法必须精确，不得出现两次以上未对齐现象。

3）不得有残留水夹在膜材与玻璃之间。

4）不得有密集的沙点或气泡。

（3）侧窗玻璃覆膜验收标准。

1）检查侧窗玻璃应无明显的漏光现象。

2）查看车窗玻璃的上缘线应与膜材的边缘保持基本平行，刀线应平滑。

3）查看应无较集中的沙粒夹在玻璃与膜材之间，应无气泡折痕。

二、汽车底盘装甲

汽车底盘装甲操作规范：

（1）底盘清洗。为了让底盘装甲附着物完全发挥效力，要将汽车底盘彻底洗干净。首先用高压水枪去除底盘上粘结的油泥和沙子，还可以用常见的钢丝网刷，把车底附着的泥沙、油污、锈迹和其他杂物刮掉，直到露出金属的本色为止；再用风枪将缝隙中的水吹出，并用毛巾将水擦干。

（2）局部遮蔽处理。底盘装甲并非底盘全部装甲，像发动机油底壳、变速器外壳、进排气歧管、排气管、悬架弹簧、减振器、转向轴等部件，在喷涂时都要拿遮盖纸进行遮蔽，避免防锈材料喷在上面。这是因为发动机油底壳、变速器外壳需要散热，如果防锈材料喷在它们上面，会影响散热效果；另外，车辆行驶时排气管的温度较高，如果防锈材料喷在上面，会将表面的附着物烤焦而散发出难闻的臭味。

（3）喷涂操作。当遮蔽处理完成后，就开始喷涂。底盘防锈胶经高压喷枪喷出，均匀覆盖在车辆底盘上。一般来说，底盘装甲的厚度为 1～3mm，不能太薄，也不要太厚。

（4）干透后装件，清理工位。在晴朗干燥的天气下让其自然干燥。汽车在喷涂完工 2～4h 后就能投入使用，但完全干燥还需要等待三天，在这三天内最好不要让底盘接触到水。干燥后的保护膜可以很好地黏附在清洁的汽车底盘上，具有极强的耐磨性和抗腐蚀能力。

步骤图解:

① 清洗车辆,然后用高压水枪冲洗底盘,去除底盘上粘结的油泥和沙子,或用特制砂纸打磨掉原防锈层

② 驶入作业工位,然后卸下四个车轮,并给各轮注明相应位置

③ 用风枪将缝隙中的水吹出,并用毛巾将水擦干

④ 拆卸底盘相关附件以便于喷涂

⑤ 用报纸对弹簧等部件进行遮蔽

⑥ 将车辆油漆部位和底盘的油管、排气管等部位遮蔽

⑦ 做好轮毂和车身周围裙部的遮蔽

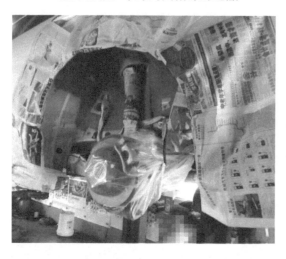

⑧ 用遮蔽膜将车身遮蔽

⑨ 将车辆升高到指定位置以便于喷涂

⑩ 作业人员穿好工作防护服

⑪ 作业人员戴好防毒面具

⑫ 对车辆左前部分进行喷涂，使用前应充分摇匀防锈胶

⑬ 对车辆底盘进行喷涂

⑭ 对车辆右前部分进行喷涂

⑮ 对车辆左后部分进行喷涂

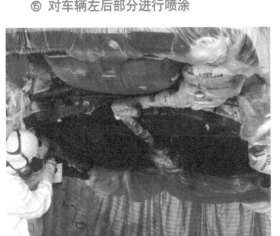

⑯ 对车辆右后部分进行喷涂

⑰ 喷涂完第一次，约半个小时后，进行第二次喷涂

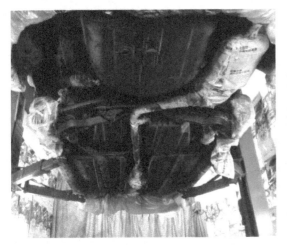

⑱ 开始进行第二次喷涂

⑲ 第二次喷涂应均匀分布

⑳ 等待喷涂部位表干后拆下遮蔽膜

㉑ 安装底盘相关部件

㉒ 降下车辆并安装好四个车轮

⑳ 再次升起车辆

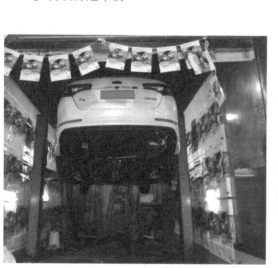

㉔ 检查底盘各部件是否安装完毕

㉕ 将车辆降到底并移开支撑臂

㉖ 将车辆移出工位完成底盘装甲作业

汽车底盘装甲的验收标准如下：

（1）按汽车底盘除锈的施工技术标准进行底盘的清洗除锈处理。

（2）遮盖部位需要密封，保证底盘装甲喷不到这些部位。

（3）烘干底盘后，均匀地将底盘装甲剂喷于底盘。

（4）底盘装甲剂喷于底盘，干固 2～4h 后，汽车方可使用。

三、汽车隔音

汽车隔音主要是在汽车的钣金件内粘贴上一块隔音王，从而降低来自车外的噪声，提高车内乘坐的舒适性。

步骤图解：

（1）轮包隔音

① 拆开车轮轮包的内衬

② 在翼子板的内表面喷上清洁剂

③ 使用毛巾将翼子板的内表面擦拭干净

④ 在翼子板的内表面粘贴上隔音王，最后装上轮包的内衬即可完成轮包的隔音

轮包隔音

（2）四门隔音

① 拆下左后门内饰板

② 撕开左后门密封薄膜

③ 使用干净的毛巾将左后门外层和内层的钣金件擦拭干净

④ 在左后门外层和内层的钣金件上均粘贴上隔音王

⑤ 采用以上①～④步骤用相同方法分别对其他三个车门进行隔音

⑥ 按照相反的顺序将所有的车门内饰板安装复位即可

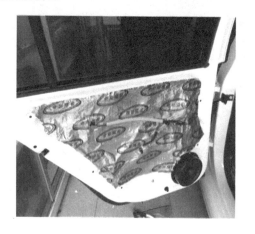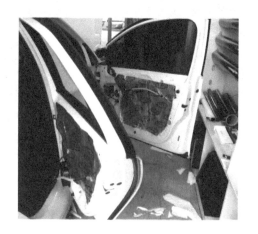

（3）车底板隔音

① 拆开车室内座椅下面的地毯

② 将车底板用干净的毛巾清洁干净

③ 在车底板上粘贴上隔音王

④ 按照相反的顺序安装好地毯及座椅等即可完成车底板隔音操作

（4）行李箱隔音

① 拆开行李箱底板

② 将车底板用干净的毛巾清洁干净

③ 在车底板上粘贴上隔音王

④ 按照相反的顺序安装好李箱底板即可完成行李箱隔音操作

（5）发动机室盖隔音

① 拆下发动机室盖内饰板，然后用干净的毛巾清洁干净发动机室盖的底板

② 在底板上粘贴上隔音王，然后安装上发动机室盖内饰板即可

汽车隔音的验收标准如下：

（1）发动机室盖。隔音王边缘的裁剪和粘贴应美观大方，中间部位粘贴牢固没有气泡、没有粘贴不到位的地方。

全车隔音

（2）导流槽。使用10mm厚度的超强隔音王施工，在不影响内部工作部件正常运转的前提下，整个导流槽内凡是手能触摸到的三面铁皮均应粘贴隔音王，但进气口不要堵住。

（3）翼子板。使用10mm厚度的隔音王施工，凡是手能触摸到的钣金件均应粘贴隔音王。

（4）整车底板。后排座椅正下方和中间龙骨突起部位使用5mm厚的标准隔音王，其余部位使用10mm厚的超强隔音王施工，隔音王必须和底板紧密粘贴。前排脚踏底板部位应尽可能沿钣金件向仪表台下沿对手能触及的部位进行施工，确保最大隔音面积。底板施工后原车带有的隔音毡必须回装到原部位。如果要粘贴吸音王，必须在粘贴隔音王后再粘贴吸音王。离合、制动、加速踏板的局部可以不进行施工，以免影响正常操作。

（5）行李箱底板。使用10mm厚度的隔音王施工，在不影响内部部件正常回装的前提下，凡是手能触摸到的钣金均应粘贴隔音王。如果要粘贴吸音王，必须在粘贴隔音王后再粘贴吸音王。行李箱底板施工后，应确保备胎紧固螺栓能正常安装。

（6）车门。使用10mm厚的超强隔音王施工，在不影响内部工作部件正常运转的前提下，凡是手能触摸到的钣金件均应粘贴隔音王。内饰板施工使用5mm厚的标准隔音王，在不影响内饰板回装的前提下应尽可能多粘贴。

四、铺地板革

步骤图解：

① 拆卸车室内所有座椅紧固螺栓

② 将车室内所有座椅搬出车外

③ 铺上地板革

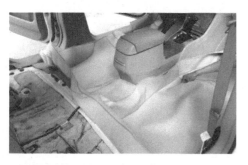

④ 对地板革边沿进行收边处理

⑤ 对地板革多余部分进行处理

⑥ 安装所有座椅

⑦ 前排垫上地板垫

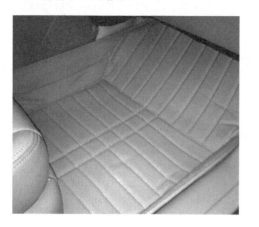

⑧ 后排垫上地板垫即可完成铺地板革操作

五、发动机进排系统加装

步骤图解：

（1）发动机进气系统电动涡轮加装

① 取下原车进气软管

② 安装电动涡轮及进气管道至节气门体

③ 根据说明书连接好电动涡轮控制器的节气门控制线、点火信号线及电源线等

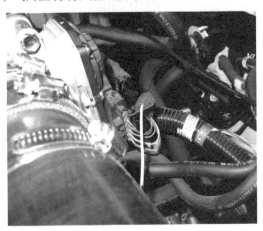

④ 连接上电动涡轮的进气软管，然后将电动涡轮控制器用扎带固定住即可完成安装

（2）发动机单管排气改双管排气

① 首先准备好加装车辆所需要的双管排气管

② 根据安装位置的需要对双管排气管进行修整

对双管排气管进行修整

③ 测量加装双排气管的尺寸，然后寻找接口位置，用砂轮机将原车后段的排气管切断

④ 取下已经切断的原车后段排气管

⑤ 在原车底盘的左边位置加装上排气管隔热罩

⑥ 将新双排气管进行定位

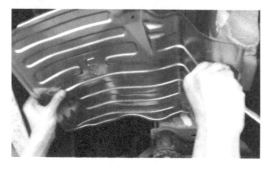

⑦ 安装排气管吊胶

⑧ 将左边的新加装的排气管部位固定住。若有必要，可以用二氧化碳保护焊将排气管焊接到吊钩的位置进行固定

⑨ 将加装的新排气管接口重新焊接牢固，确保不漏气即可

⑩ 发动机双管排气改装完成

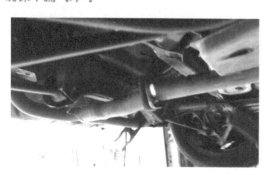

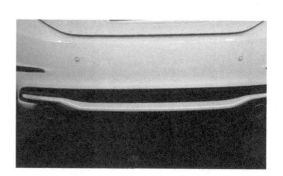

（3）遥控变音排气管的加装

遥控变音排气管主要是通过遥控器来随时遥控改变排气的声音，使汽车行驶在公路上有赛车般的声响，让人感觉到它狂野的驾驶性能。

遥控变音排气管加装主要是增加排气控制阀体、遥控控制单元、遥控器等元件。

① 首先根据车型选配一套合适的遥控变音排气管装置

② 在汽车底盘的排气管上进行开口，然后焊接上排气控制阀体，最后按照说明书将遥控控制单元连接好即可完成遥控变音排气管的加装

六、汽车天窗加装

步骤图解：

① 在车顶贴上天窗的样板

② 用电钻将车顶钻开

③ 将车顶饰板按照天窗的样板切开

④ 用专用工具切开车顶钢板

⑤ 沿天窗的样板切开车顶钢板

⑥ 用专用工具修整天窗边缘

⑦ 用细砂纸打磨天窗的框架四周

⑧ 安装天窗部件

⑨ 对天窗边缘进行密封

⑩ 连接天窗的开关线路

⑪ 连接天窗电动机线路

⑫ 安装天窗内饰的框架

⑬ 用电钻钻孔以便安装天窗开关

⑭ 安装天窗开关

⑮ 用水测试密封情况

⑯ 检查天窗安装的效果

七、密封胶条加装

步骤图解：

① 在发动机室盖密封胶条粘贴位置上涂助粘剂

② 撕开密封胶条保护层，然后将其粘贴上

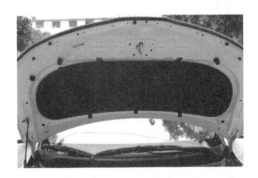

③ 在发动机室密封胶条粘贴位置上涂助粘剂

④ 撕开密封胶条保护层，然后将其粘贴上

⑤ 在行李箱盖密封胶条粘贴位置上涂助粘剂

⑥ 撕开密封胶条保护层，然后将其粘贴上

⑦ 在A柱密封胶条粘贴位置上涂助粘剂

⑧ 撕开密封胶条保护层，然后将其粘贴上

⑨ 在B柱密封胶条粘贴位置上涂助粘剂

⑩ 撕开密封胶条保护层，然后将其粘贴上

⑪ 在C柱密封胶条粘贴位置上涂助粘剂

⑫ 撕开密封胶条保护层，然后将其粘贴上

⑬ 用剪刀剪去出水口位置粘贴的密封条便于排水

⑭ 在车门边沿密封胶条粘贴位置上涂助粘剂

⑮ 撕开密封胶条保护层，然后将其粘贴上

⑯ 按照同样的方法对其他三个车门进行粘贴，即可完成密封胶条加装操作

全车密封验收标准如下：

（1）全车密封包含整个发动机室四周、四个车门及车门结合边缝、行李箱周边共三个部位的密封。密封条的粘贴必须使用专用的强力助粘剂，施工时要求必须先在车身上均匀涂助粘剂，然后适当晾胶以确保助粘剂黏度最大，然后进行粘贴，要求粘贴后密封条平滑美观。

（2）施工后必须对车身上的残留助粘剂进行清理，可在粘贴初期对粘贴位置进行微调，一旦位置最终确定，应尽可能对粘贴部位保持一段时间的压力，发动机室盖、车门、行李箱应处于开启状态，切忌施工后立即频繁开关车门。

八、加装雨挡

步骤图解：

① 清洁所有车窗周边

② 安装左前车窗卡片

③ 安装左前车窗三个卡片

④ 撕下左前车窗雨挡背面的双面胶保护膜

⑤ 两端对位贴上左前车窗雨挡

⑥ 撕下左前车窗雨挡保护膜并压紧

⑦ 安装完左前车窗雨挡卡扣即可完成左前车窗雨挡加装操作

⑧ 安装左后车窗两个卡片

⑨ 撕下左后车窗雨挡背面两边的双面胶保护膜

⑩ 两端对位贴上左后车窗雨挡

⑪ 撕下左后车窗雨挡保护膜并压紧

⑫ 安装左后车窗雨挡卡扣

⑬ 左侧窗雨挡安装完成，右侧窗雨挡的安装方法与左侧相同

九、加装轮眉

步骤图解：

① 选择轮眉

② 用毛巾清洁轮眉周围

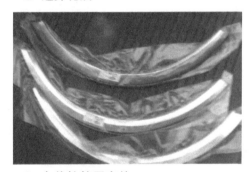

③ 右前轮轮眉定位

④ 安装右前轮轮眉卡扣，右后轮轮眉安装与右前轮轮眉安装方法相同

⑤ 左前轮轮眉定位

⑥ 安装左前轮轮眉卡扣，左后轮轮眉安装与左前轮轮眉安装方法相同

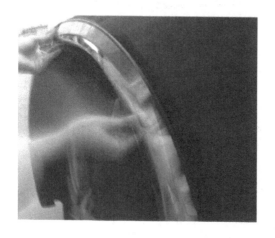

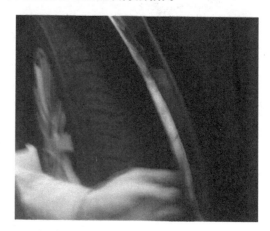

十、加装挡泥板

步骤图解：

① 选择挡泥板

② 选择工具

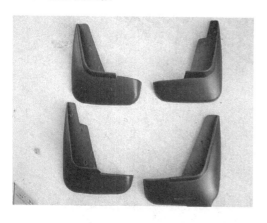

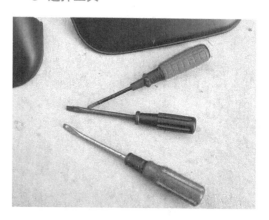

③ 安装左前挡泥板时需要将汽车左前轮向左转到底

④ 安装左前挡泥板定位

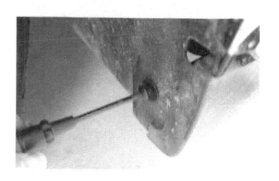

⑤ 安装左前挡泥板

⑥ 左前挡泥板安装完成，其他三个车轮的挡泥板安装方法类似

学习任务九 汽车车内装饰

一、汽车桃木改装

步骤图解：

① 用胶片试探饰件背面卡脚的位置

② 从饰件的边缘慢慢插入卡脚附近

③ 慢慢撬动饰件将每个卡脚撬出

④ 将门拉手饰件取下

⑤ 拆下出风口饰件

⑥ 拆下中控面板饰件

⑦ 用胶片撬动中控面板饰件卡脚的位置

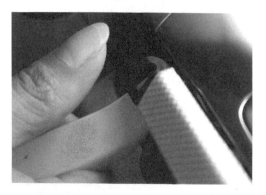

⑧ 沿着中控面板饰件将卡脚慢慢拔出

⑨ 同时用两个胶片撬动中控面板饰件

⑩ 取下中控面板饰件

⑪ 用手轻轻按压安装出风口饰件

⑫ 其他饰件（包括中控面板、扶手等）的安装方法与之相同，将卡脚固定即可

二、汽车座椅的改装

步骤图解：

① 拆下车内所有座椅

② 拆下驾驶人座椅旁边的下护板，并将其妥善放好以免不小心刮花

③ 将座椅底座罩的固定卡子拆掉

④ 拆卸座椅底座的固定卡子及座椅加热线束

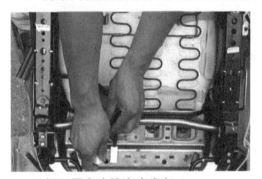

⑤ 分离开座椅底座

⑥ 拆下原来座椅底座座套

⑦ 将新真皮座套紧固到海绵座垫上

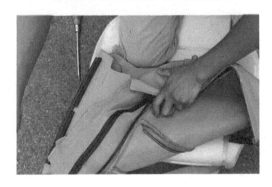

⑧ 用专用钳子夹紧固定铁扣

⑨ 将海绵座垫上的新真皮座套铺平定形

⑩ 将海绵座垫上的座椅加热线束布置好

⑪ 拆下座椅靠背座套

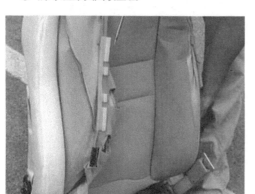

⑫ 将新真皮座套紧固到海绵靠背上

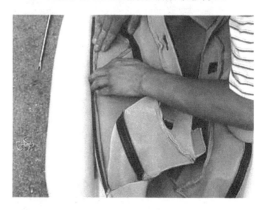

⑬ 座椅靠背座套安装完成

⑭ 安装好头枕固定锁扣

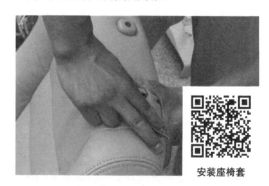

安装座椅套

⑮ 安装座椅座垫到座椅支架上

⑯ 安装好座椅靠背后面的护板

⑰ 整理座椅座套边角

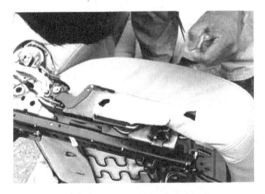

⑱ 安装好座椅下护板

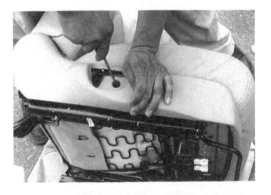

⑲ 安装好座椅侧边护板

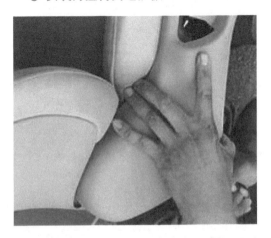

⑳ 拆下原来的头枕套，然后安装新头枕套

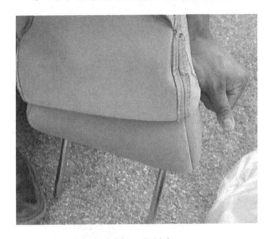

㉑ 用专用工具将铁扣卡紧头枕套开口，即可完成驾驶人座椅套的安装

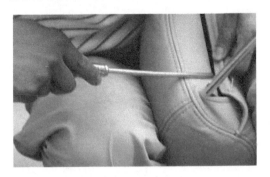

㉒ 拆开后排座垫固定铁扣

㉓ 拆开后排座垫座套

㉔ 将后排海绵座垫放置好

㉕ 将新真皮座套紧固到后排海绵座垫上

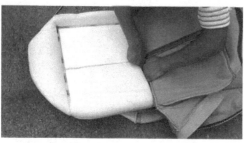

㉖ 用专用钳子夹紧固定铁扣

㉗ 翻回背面，用力将真皮座套拉平，并用钳子夹紧固定铁扣

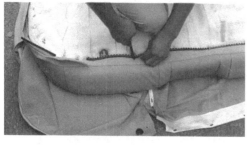

㉘ 将真皮座套沿着海绵边用铁扣固定，即可完成后排座垫套的安装

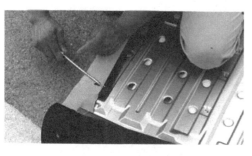

㉙ 拆开后排靠背座套

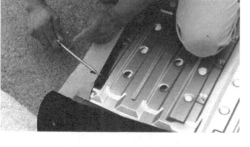

㉚ 撕下后排靠背座套

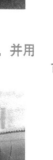

㉛ 将新真皮座套沿着后排靠背海绵边用铁扣紧固

㉜ 将真皮座套安装到后排海绵靠背上

㉝ 处理后排靠背头枕安装孔

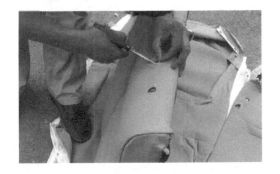

㉞ 安装后排靠背头枕安装锁扣

安装后排座椅储物盒

㉟ 安装后排座椅两边的饰板套

㊱ 拆下中央扶手储物盒盖套

㊲ 安装中央扶手储物盒盖套

㊳ 将所有的座椅及头枕安装到车内

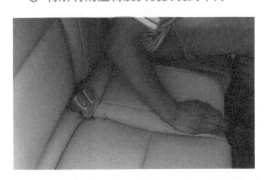

㊴ 安装中央扶手储物盒盖

㊵ 所有座椅及头枕安装到车内即可完成座椅的改装

真皮的鉴别方法如下：

（1）查：检查有无真皮标志，真皮标志是在国家工商行政管理总局注册的商标，证明是用优质真皮制作的。

（2）看：用眼睛的直观感觉进行鉴别，真皮表面光滑，皮纹细致，色泽光亮且没有反光感，厚度为1.0~1.2mm，厚薄均匀；如果皮纹不明显，只是异常光滑，则说明皮子在加工过程中进行了磨面处理，或是用二层牛皮喷上颜色后压出皮纹制成。

（3）摸：用手摸皮面，质量好的真皮摸起来手感好，柔软舒适、滑爽而且富有弹性，若皮面较硬或发黏均为劣质皮。

（4）嗅：闻一闻皮的气味，真皮有自然的皮香味，劣质的皮革通常带有强烈的刺激味。

（5）擦：用潮湿的细纱布在皮面上来回擦拭七八次，查看布上是否沾有颜色，若有脱色现象，说明是劣质皮。

（6）拉：用两只手拿住皮子的对角，然后稍用力向两边拉，真皮拉起来变形不大，牢靠度较好、弹性好，延伸率和张幅适中；若皮面出现裂痕或露出浅白的底色，则说明是劣质皮。

（7）烧：从真皮或人造革背面撕下一点纤维，点燃后，发出刺鼻的气味、结成疙瘩的是人造革；发出毛发气味，不结硬疙瘩的是真皮。

三、汽车顶篷的翻新

步骤图解：

① 进入车室内将顶篷的附件及饰板小心拆下

② 车室内顶篷附件拆完后将顶篷取到车外

③ 将车室内天窗饰板拆下并取到车外

④ 将顶篷外表的真皮撕掉

⑤ 将顶篷老化的海绵清理掉

⑥ 将天窗饰板的真皮撕掉，然后将老化的海绵清理掉

⑦ 在天窗海绵及新真皮表面均匀涂上助粘剂

⑧ 等待 2 ~ 3min 后将新真皮粘贴好并进行收边处理，即可完成天窗饰板的翻新

⑨ 在顶篷表面平铺上新真皮

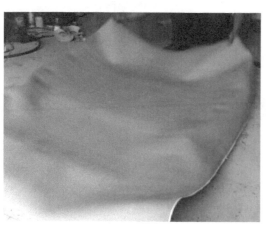

⑩ 在顶篷海绵及新真皮表面均匀涂上助粘剂

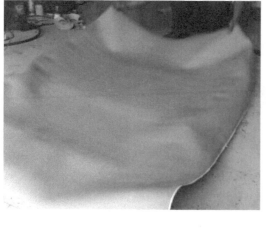

⑪ 等待 2 ~ 3min 后将新真皮粘贴好并进行收边处理，即可完成顶篷的翻新

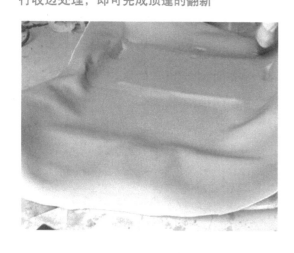

⑫ 将翻新后的顶篷放进车室内开始进行安装

⑬ 将翻新后的顶篷、天窗饰板及附件安装好

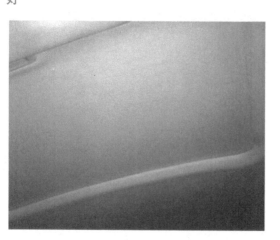

⑭ 安装完成后应确保天窗及室内灯一切工作正常

四、仪表台的翻新

步骤图解:

① 首先从车上拆下仪表台,接着将原来的仪表台表层进行打磨,最后清理干净粉尘

② 使用刮灰刀将仪表台专用的填充剂和固化剂按照一定的比例搅拌均匀,注意准备的填充剂数量不宜过多,够用即可

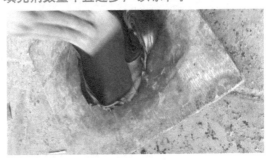

③ 使用刮灰刀将填充剂涂抹在仪表台损坏的位置

涂抹填充剂

④ 等待仪表台的填充剂干燥后,使用砂纸将其填充部位打磨光滑

用砂纸打磨仪表台表面

⑤ 在仪表台表面均匀涂一层 502 胶水,目的是增加仪表台的硬度,接着再次使用细砂纸打磨一次

在仪表台表面涂抹 502 胶水

⑥ 使用压缩风枪将仪表台表面的粉尘吹干净

⑦ 根据仪表台的面积裁剪包皮材料

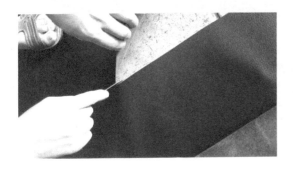

⑧ 在仪表台表面喷上一层胶,然后让其自然干燥

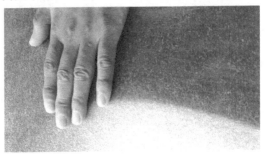

⑨ 在包皮材料的反面喷上一层胶，然后让其自然干燥

⑩ 在仪表台表面覆上一层喷上胶的包皮材料

抹平包皮层

⑪ 使用热风枪一边加热包皮材料，一边用手抹平包皮层。使用热风枪加热的目的是使之前喷的胶恢复原来的粘接性能

⑫ 使用专用的工具对边或角进行收边处理

⑬ 用锋利的刀片小心地切掉多余的包皮材料，即可完成仪表台的翻新

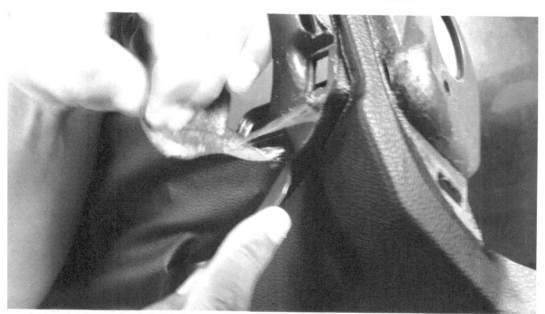

第五部分　汽车电子产品安装与改装作业项目

学习任务十　汽车电子产品安装

一、防盗器安装

步骤图解：

（1）指纹防盗器安装

① 选择专用车型指纹防盗器

② 拆卸下护板及仪表板框

③ 小心取下仪表板框

④ 拆卸转向盘上下护板

⑤ 拆开点火开关线束套管

⑥ 使用测试笔寻找"ACC""ON"及"START"线路

⑦ 用剥线钳将原来的线束剥开

⑧ 根据安装线路图进行接线

⑨ 接线完成后小心地包上电工胶布

⑩ 拆下门框饰板

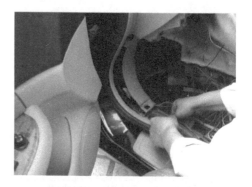

⑪ 寻找常电源线

⑫ 连接好线束并用电工胶布包扎好

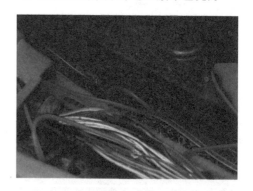

⑬ 将所有的连接线束布置好

⑭ 连接好指纹防盗器主机线束并通电测试

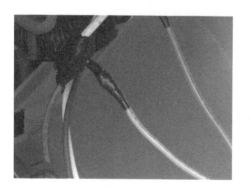

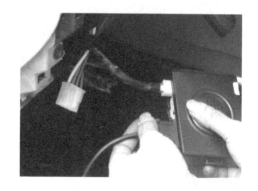

⑮ 用合适的钻头钻孔并安装指纹感应器

⑯ 安装指纹感应器并将所有饰板装回即可完成

（2）守护天使防盗器安装

① 选择防盗器

② 拆下转向盘左下方饰板

③ 拆下转向盘下方继电器盒盖板螺栓

④ 拆下转向盘左边饰板盖

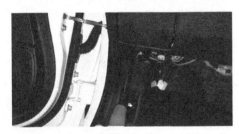

⑤ 拆下左前门饰板

⑥ 拆下安装线束插头

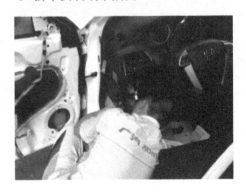

⑦ 寻找防盗器的主电源线

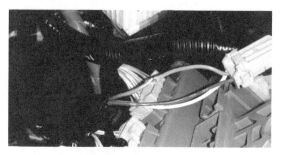

⑧ 对照线路图接线

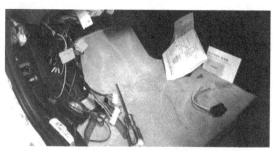

⑨ 安装防盗器主机线路

⑩ 安装喇叭

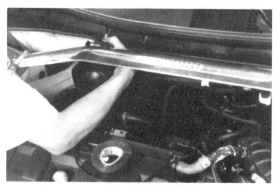

⑪ 布置好喇叭信号线

⑫ 将主机固定并安装好其他附件，即可完成安装

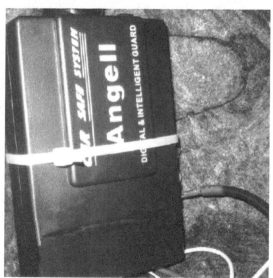

二、可视倒车影像系统安装

步骤图解：

① 拆下原车的音响 DVD 装置

② 按照说明书给原车的音响 DVD 装置增加转接插接器，然后沿着车身左侧门窗胶条布置可视倒车影像信号线束，信号线束直到行李箱盖处为止

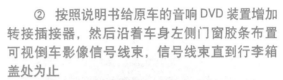

③ 在行李箱盖规定的位置装上可视倒车影像系统的摄像头

④ 取倒车灯的电源连接到摄像头，然后将它的负极线搭铁在行李箱盖上，最后插上信号线束。此外，布置线束时最好使用电工胶布与行李箱盖的线束缠绑在一起，以此确保美观

⑤ 安装上带可视倒车影像系统的音响 DVD 装置

⑥ 装复后确保音响 DVD 以及可视倒车影像系统工作正常即可

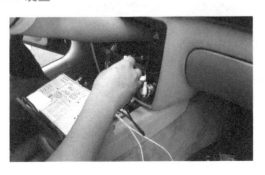

可视倒车影像
系统安装

三、迎宾踏板安装

步骤图解：

① 选择原厂迎宾踏板

② 选择原厂迎宾踏板安装线束

③ 打开发动机室，然后取下总熔断器／继电器盒的备用熔断器（7.5A）

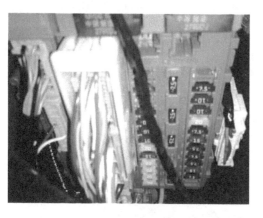

④ 拆下驾驶室左下方分熔断器／继电器盒护板

⑤ 将熔断器和配套线束插头插入指定位置

⑥ 将前段部分的线束固定好

⑦ 将左前门槛护板上的燃油箱锁饰盖撬开

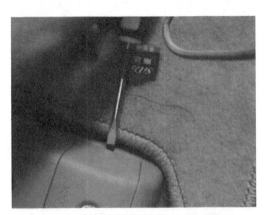

⑧ 拆下左前门槛护板上的燃油箱锁饰板固定螺钉

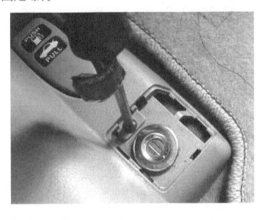

⑨ 将左前门槛护板拆开，放置线束

⑩ 拆开左边 B 柱护板

⑪ 将左后门槛护板拆开，放置线束

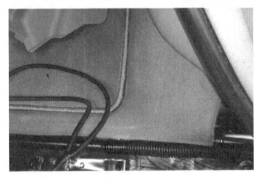

⑫ 将踏板线束从靠背后穿过

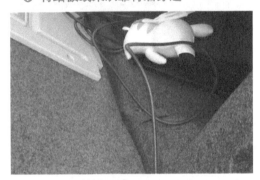

⑬ 将右后门槛护板拆开，放置线束

⑭ 将右前门槛护板拆开，放置线束

⑮ 将左前门迎宾踏板安装好

⑯ 将左前门槛护板恢复到原来安装位置

⑰ 将左后门迎宾踏板安装好

⑱ 将左后门槛护板恢复到原来安装位置

⑲ 将右后门迎宾踏板安装好

⑳ 将右后门槛护板恢复到原来安装位置

㉑ 将右前门迎宾踏板安装好

㉒ 将右前门槛护板恢复到原来安装位置

㉓ 将靠背后的线束整理好并将靠背锁上，迎宾踏板安装完成。最后对四个门的迎宾踏板进行全面的检查即可

四、GPS安装

步骤图解：

① 用专用的塑料撬板撬开储物盒饰板的四周并取出

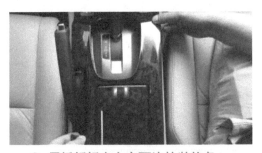

③ 用撬板拆去左右两边的装饰条

⑤ 双手托住主机把其拆出

② 拆掉储物盒下面的螺钉

④ 用十字槽螺钉旋具拧下中央控制面板的螺钉

⑥ 拆掉固定原车面框的左右两颗螺钉

⑦ 将车载导航仪专用电源线、DVD 线从两个出风口中间穿过，并布好 GPS 天线

⑧ 连接好车载 DVD 导航仪的主机电源、通信线

⑨ 连接 GPS 天线

⑩ 把汽车导航仪固定在原车 CD 主机上面，并拧紧固定螺钉

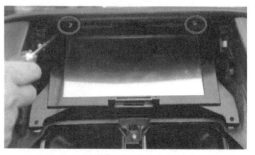

⑪ 连接 DVD

⑫ 将拆装的所有饰件恢复到原来安装位置

五、头枕显示器安装

步骤图解：

① 选择原装的头枕显示器

② 读懂安装线路图并识别线束的连接

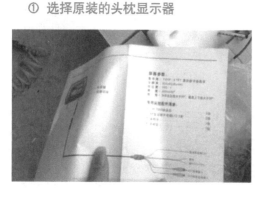

③ 拆下变速杆饰板

④ 拆下控制面板

⑤ 拆下导航 DVD 寻找音频输出接口

⑥ 对照头枕显示器线束连接图，接上音频输出线束

⑦ 连接头枕显示器及控制面板，测试是否正常，确保连接正常后进行下一步安装

⑧ 将导航 DVD 的线束布置好

⑨ 安装好控制面板及导航 DVD

⑩ 拆下原座椅头枕及靠背饰板，将头枕显示器连同线束一起穿过并安装好头枕

⑪ 将头枕显示器线束布置好

⑫ 将座椅靠背饰板安装好

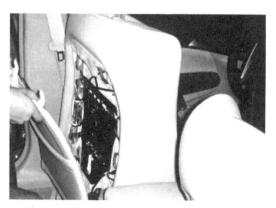

⑬ 打开 DVD 导航系统

⑭ 确保头枕显示器工作正常

头枕显示器安装验收标准：

（1）头枕显示器连接线束布置在车内地毯下面，或者布置在不容易被看到的地方。

（2）确定头枕显示器电源线连接正确，然后确认屏幕图像和一般功能均正常。

（3）头枕显示器与原车应配套，安装后美观大方。

六、一键起动系统安装

步骤图解：

① 选择一键起动系统配件

② 拆下转向盘左边饰板

③ 拆下转向盘下饰罩紧固螺钉

④ 拆下转向盘上下饰罩

⑤ 拆下转向盘右侧饰板紧固螺钉

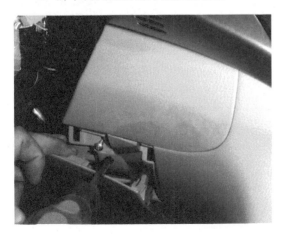

⑥ 拆下右侧饰板

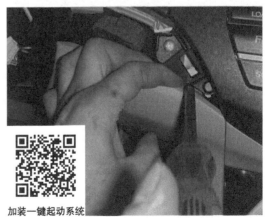

加装一键起动系统

⑦ 拆下左前门门槛饰板

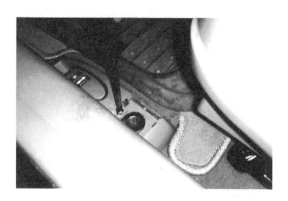

⑧ 根据安装线路图寻找相关线路并进行剪线

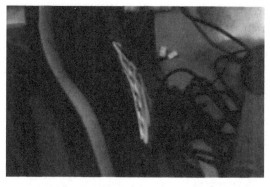

⑨ 用电工胶布包扎连接口

⑩ 根据安装线路将所有的配件安装好

⑪ 检验一键起动系统加装效果

一键起动系统安装技术要点：

（1）根据汽车一键起动系统安装图纸进行线路及部件的安装。

（2）在安装插接器线路时要注意点火开关除了"OFF"档位，常用的有3档："ACC""ON""START"，安装的时候首先要弄清楚每档下面对应接通的是哪一根或者几根线路。安装时使用测电笔或者万用表判断，然后做好标记，分别和一键起动系统"ACC""ON""START"的对应转接插头对插连接。

（3）安装时尽量避免破坏原车的钥匙起动系统，尽量做到用原车的钥匙可以起动，用新装的按钮也可以起动。

七、行车记录仪安装

行车记录仪是记录车辆行驶途中的影像及声音等相关资料的仪器。安装行车记录仪后，能够记录汽车行驶全过程的视频图像和声音，为驾驶人提供行车证据。

步骤图解：

① 把行车记录仪夹在后视镜上面

② 布置行车记录仪的线束

③ 布置后摄像头线束并固定摄像头

④ 找到行车记录仪的主电源熔丝座

⑤ 接好行车记录仪电源线并布置好线束

⑥ 打开行车记录仪电源开关进行检查安装效果

⑦ 调整后摄像头直到画面正常为止

⑧ 调整前摄像头直到画面正常即可完成行车记录仪的安装作业

行车记录仪安装

八、车载空气净化器安装

　　车载空气净化器又叫车用空气净化器、汽车空气净化器，是专用于净化汽车内空气中可入肺颗粒物（也称 PM2.5）、有毒有害气体（甲醛、苯系物、TVOC 等）、异味、细菌病毒等车内污染的空气净化设备。车载空气净化器通常由高压产生电路负离子发生器、微风扇、空气过滤器等系统组成。它的工作原理是通过设备内的微风扇（又称通风机）使车内空气循环流动，污染的空气通过设备内的 PM2.5 过滤网和活性炭滤芯后，其中的各种污染物被过滤或吸附，然后经过装在出风口的负离子发生器（工作时负离子发生器中的高压产生直流负高压），将空气不断电离，产生大量负离子，被微风扇送出，形成负离子气流，达到清洁、净化空气的目的。

步骤图解：

① 选择原厂配备的车载空气净化器

② 打开中央扶手箱盖

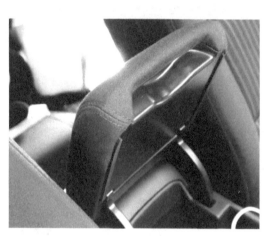

③ 用一字槽螺钉旋具撬开中央扶手箱盖饰板

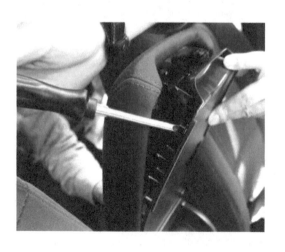

④ 用一字槽螺钉旋具拆卸中央扶手箱盖螺钉，然后取下中央扶手箱盖

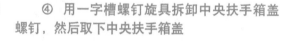

⑤　装上带中央扶手箱盖的车载空气净化器

⑦　将电源线插入点烟器口

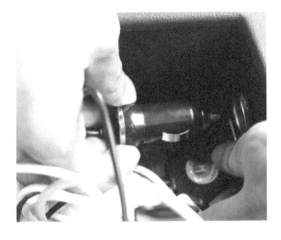

⑨　打开车载空气净化器电源开关，指示灯发出红光，表示车载空气净化器正在运行

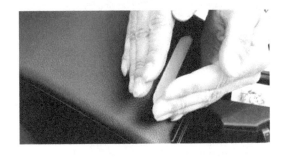

⑥　固定带中央扶手箱盖的车载空气净化器，然后再安装上固件盒

⑧　盖上中央扶手箱盖应整洁大方

⑩　关闭所有车门 5min 后，指示灯变绿光，表示车内 PM2.5 空气质量为合格

九、车载冰箱安装

车载冰箱是家用冰箱的延续，它可以采用半导体电子制冷技术，也可以通过压缩机制冷。车载冰箱一般噪声小、污染少。在行车中只需将电源插头插入点烟器口，冰箱即可制冷。

步骤图解：

① 选择与相应车型匹配的车载冰箱

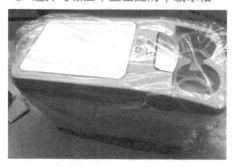

② 将车载冰箱固定在中央扶手箱上

③ 将电源线的一端插入车载冰箱

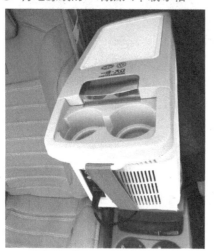

④ 电源线的另一端插入点烟器口即可

十、汽车动力王安装

　　汽车动力王的主要作用是可以使汽车工作时电压稳定，即使发电机大负荷工作时，蓄电池仍能向汽车用电器提供稳定的电压，并且通过整流滤波，有效地抑制了发动机点火时产生电子干扰信号，避免影响其他车载用电器的正常使用。

步骤图解：

① 准备一套汽车动力王装置

② 将汽车动力王按照说明书连接到蓄电池正负极并固定在发动机室内即可

学习任务十一 汽车电子产品改装

一、氙气灯改装

步骤图解：

① 选择氙气灯，最好选择进口知名品牌或国内有技术专利厂家生产的成套氙气灯。氙气灯的色温通常选择 4000～6000K。氙气灯的色温并非越高越好，如果达到 8000K 或以上反而会使照明效果下降

② 拆下近光灯后罩

③ 拔下插销，按住弹簧卡子，即可松掉卡子，然后取下原车的灯泡并保存起来

④ 在近光灯后罩上打一个小孔以便穿过线束

⑤ 将氙气灯（HID）灯泡的线束伸到近光灯后罩外

⑥ 将氙气灯灯泡安装到原来灯泡的位置，然后将弹簧卡子卡紧即可

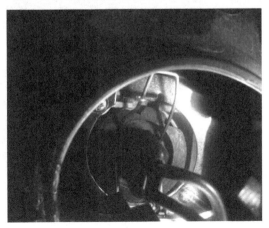

⑦ 把氙气灯上的电源线对应原来近光灯的插销插好，一般红色是正极，黑色为负极

⑧ 将线束安置到灯罩内，然后把后罩盖上

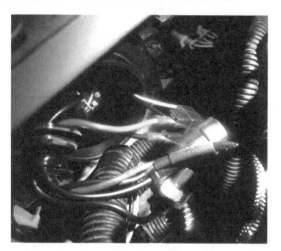

⑨ 将铁片安装到增压稳定器上

⑩ 连接好增压稳定器线束插头

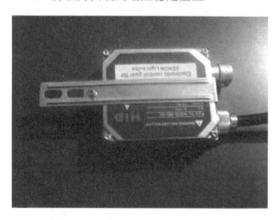

⑪ 将氙气灯上的所有线束插头对应插好

⑫ 将增压稳定器固定在前照灯总成附近位置，确保通风良好，避免靠近发动机、散热器等物体

⑬ 用同样的方法将另外一侧的氙气灯灯泡及增压稳定器安装好

⑭ 打开灯光开关，检查氙气灯安装效果

氙气灯安装技术标准：

（1）增压稳定器切勿安装在车内过热的部位，应当安装在透气性较好的位置，以便让空气流动来降低增压稳定器的温度。

（2）避免氙气远光灯受潮，否则容易漏电和老化。

（3）增压稳定器与灯泡的摆放距离不应过远，以减免线路分压而造成的灯泡不亮现象。

（4）增压稳定器的高压线部分不应缠绕，以免产生过大的磁场，而影响汽车其他的电器设备。

二、自感应前照灯改装

自感应前照灯，又叫做感应式自动前照灯，是前照灯控制单元根据光线传感器来判断光线亮度变化，从而控制自动点亮或熄灭示宽灯和近光灯。

自感应前照灯的最大优点是可自动感应外部光线强度的变化，在视线因光线受影响之前（如进入隧道和地下车库）就可自动提供额外的照明，无须进行任何操作，方便快捷。

步骤图解：

① 选择与原车配套的自感应前照灯组件

② 用手直接打开仪表台左侧的熔丝盒盖

③ 将原车前照灯开关拧到"O"的位置，然后向里用力按下开关，最后向右拧动旋扭即可将整个前照灯开关拉出

④ 用手按压前照灯开关线束插接器的卡片，然后轻松地拔出前照灯开关

⑤ 将原前照灯开关线束插接器从侧面掏出，以便安装前照灯控制单元

⑥ 将前照灯控制单元接到原前照灯开关线束插接器上

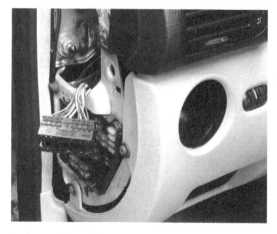

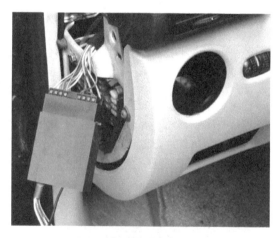

⑦ 将前照灯控制单元的线束从开关安装孔中掏出，然后安装上带"AUTO"功能的前照灯开关

⑧ 将裸露在外的线缆全部用一字槽螺钉旋具仔细地捅进仪表台的缝隙中

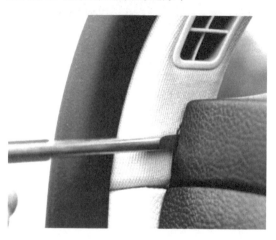

⑨ 把光线传感器粘贴在仪表台的最前端，让其可以充分感应到外界的实际光量，以做出正确的判断

⑩ 安装好后进行测试，当车辆进入车库后，前照灯开启及时，且响应时间灵敏则为正常

三、汽车音响改装

步骤图解：

① 双手向外轻拔出原车主机装饰板

② 用十字槽螺钉旋具拆下原车音响前面的 4 颗固定螺钉

③ 用撬片撬松装饰框固定卡子

④ 双手往外轻拉出装饰框

音响改装（1）

音响改装（2）

音响改装（3）

音响改装（4）

音响改装（5）

⑤ 拔出空调连接线插头并取下装饰框

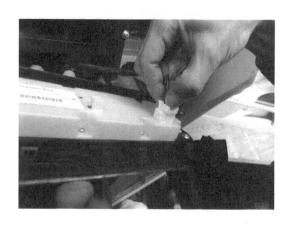

⑥ 用螺钉旋具拆下音响和显示屏的 4 颗固定螺钉

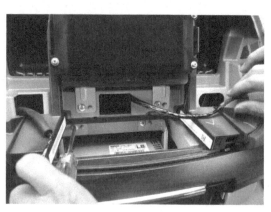

⑦ 双手轻轻把显示屏往外拉出并分别拔出显示屏上的连接线插头

⑧ 用撬片撬松音响下面的装饰板并取下

⑨ 用螺钉旋具拆下音响下面 2 颗固定螺钉

⑩ 双手握住音响两侧往外轻拉出音响主机

⑪ 分别拔出原车音响主机连接线插头

⑫ 把原车显示屏拆下的螺钉安装在改装的显示屏上

⑬ 用螺钉旋具拆下出厂时机芯固定的 2 颗螺钉

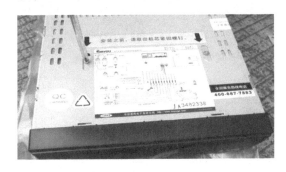

⑭ 用螺钉旋具将固定支架安装到机芯上

⑮ 把改装显示屏连接线插头插上，然后把显示屏固定好，并安装好装饰框

⑯ 把原车音响主机连接线插头插好并安装好装饰框

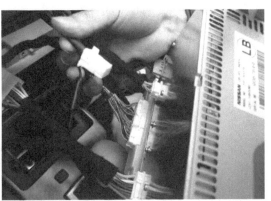

⑰ 把 GPS 天线从防振胶夹绕缠到放置改装音响的位置

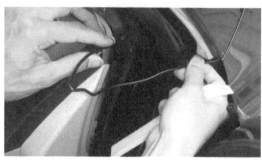

⑱ 绕缠好天线后把防振胶夹还原压平

⑲ 打开杂物箱，用螺钉旋具卸下 3 颗固定螺钉，取出杂物箱

⑳ 把多功能盒子连接线插头插上

㉑ 分别把改装音响主机的所有插头插上

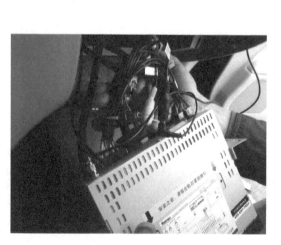

㉒ 将改装音响主机和多功能盒子安装在杂物箱内

㉓ 安装完成

（1）改装音响布线技术要求：

1）电源线的电流容量的值应选择大于或等于该线与功放相接的熔断器的额定电流。如果使用低于该标准的电源线，容易产生干扰噪声。

2）当车辆电源系统布线时，应尽量避免在交流发电机和点火线路附近，因为交流发电机和点火线路容易产生干扰噪声辐射入电源线，影响音质。

3）确保电源插接器正常，如果电源插接器很脏或没有拧紧，将会产生接触电阻。接触电阻的存在，会导致干扰噪声，从而严重破坏音质。

4）音响主机应直接从电源供电，因为电源线桥接过多容易出现电位差，该电位差将导致干扰噪声，从而严重破坏音质。

（2）音响改装注意事项：

1）音响改装尽量不要改变原车线路的"走向"，因为原厂的布线都相当合理，而且出现故障时便于对照维修手册进行线路的检修。

2）不要随意增加音响功放，因为盲目加大功放不但容易导致线路电流过大而烧毁线束，而且会导致音质下降。

3）布线拆卸内饰部件时不要随意撕去防水膜，否则容易造成线路短路。

参 考 文 献

[1] 向志渊，等 . 汽车美容装饰 [M]. 北京：国防工业出版社，2011.

[2] 钱岳明 . 汽车装潢与美容技术 [M]. 北京：人民交通出版社，2008.

[3] 陈安全，等 . 汽车美容实用教程 [M]. 北京：机械工业出版社，2012.

[4] 许平 . 汽车钣金与美容 [M]. 北京：中国劳动社会保障出版社，2008.

[5] 夏怀成，等 . 汽车养护与美容 [M]. 北京：机械工业出版社，2011.

[6] 白长城 . 汽车美容 [M]. 北京：中国农业出版社，2004.